Michael Brown

Análise de sentimentos sobre o tema do fitness utilizando o Twitter da OSN

Michael Brown

Análise de sentimentos sobre o tema do fitness utilizando o Twitter da OSN

Imprint
Any brand names and product names mentioned in this book are subject to trademark, brand or patent protection and are trademarks or registered trademarks of their respective holders. The use of brand names, product names, common names, trade names, product descriptions etc. even without a particular marking in this work is in no way to be construed to mean that such names may be regarded as unrestricted in respect of trademark and brand protection legislation and could thus be used by anyone.

Cover image: www.ingimage.com

This book is a translation from the original published under ISBN 978-3-659-89237-0.

Publisher:
Sciencia Scripts
is a trademark of
Dodo Books Indian Ocean Ltd. and OmniScriptum S.R.L publishing group

120 High Road, East Finchley, London, N2 9ED, United Kingdom
Str. Armeneasca 28/1, office 1, Chisinau MD-2012, Republic of Moldova, Europe
Printed at: see last page
ISBN: 978-620-7-61004-4

Índice

CAPÍTULO 1

<u>Introdução e motivações</u>

Esta investigação centra-se no sentimento do público em relação à questão da boa forma física, tendo a rede social em linha (OSN) Twitter sido utilizada como fonte de dados recolhidos e analisados.

Tendo tido excesso de peso durante a maior parte da minha adolescência, ganhei uma paixão pelo fitness depois de ter tomado a decisão de me inscrever num ginásio como resolução de Ano Novo. Esta decisão foi tomada com o objetivo de perder peso, ganhar músculo e melhorar a minha condição física geral por razões de saúde. A minha principal fonte de motivação foi a Internet, que me forneceu uma grande quantidade de recursos relacionados com a boa forma física.

Esses recursos iam desde artigos e orientações sobre exercícios, a conselhos nutricionais e histórias de sucesso escritas por pessoas que já tinham atingido os objectivos de fitness que eu desejava alcançar. Entre eles, o sítio Web de partilha de vídeos YouTube, onde o utilizador Shay Carl carregou weblogs para o seu canal "ShayLoss" (Anexo 1A) - discutindo as suas tentativas de perder peso. O sítio Web bodybuilding.com foi outra fonte que descreveu em pormenor uma série de rotinas de exercício que podem ser executadas para produzir os resultados desejados.

A facilidade de acesso em termos de preços e de acessibilidade aos ginásios, devido ao aparecimento de ginásios "bare-bones" baratos (que oferecem poucos ou nenhuns serviços adicionais para além da utilização do equipamento de ginásio), tornou mais viável a concretização dos meus objectivos de boa forma física em comparação com as tentativas que tinha feito anteriormente.

Com base nas minhas experiências, achei que seria interessante avaliar os sentimentos das pessoas que desejam atingir objectivos semelhantes em grande escala, identificando as correlações que podem ser encontradas entre as sociedades e os seus sentimentos em relação ao tema da boa forma física e uma série de factores, incluindo a sua localização e o tempo disponível.

Numa tentativa anterior de atingir os meus objectivos de fitness, senti-me mais motivado no início do ano. A minha motivação diminuiu ao fim de alguns meses, quando senti que não tinha perdido tanto peso como esperava durante esse período de tempo.

Uma vez que os objectivos relacionados com a boa forma física estão entre as resoluções de Ano Novo mais citadas nos últimos anos (Anexo IB), decidi concentrar-me no período de janeiro a fevereiro (2014), onde o volume de conversas sobre o tema da boa forma física (e, por conseguinte, o meu conjunto de dados) seria provavelmente maior. Um inquérito realizado pelo Journal of Clinical Psychology da Universidade de Scranton (Statistic Brain, 2014) descobriu que, após quatro semanas de uma resolução de Ano Novo, 36% das pessoas tinham desistido. Estes resultados sugerem que o período de análise de um mês seria suficientemente adequado para realizar a minha investigação para este projeto.

A seguir estão documentados os passos que dei para a conclusão da minha investigação. Isto inclui a minha leitura de estudos semelhantes realizados anteriormente e o que aprendi com essa informação, o processo de recolha dos meus dados, a análise desses conjuntos de dados e o meu raciocínio por detrás de cada passo que foi dado.

CAPÍTULO 2

Leitura de fundo

2.1. O sector do fitness

2.1.1. Crescimento do mercado

Em 2010, a indústria do fitness em muitos países ocidentais, como a Grã-Bretanha, registou taxas crescentes de crescimento na sua dimensão total de mercado, valor e base de membros. Apesar da grande recessão de 2008 na Grã-Bretanha, o aparecimento de ginásios económicos como o "Pure Gym" e o "The Gym Group" levou a que o público em geral tivesse acesso a instalações de ginásio mais baratas e melhoradas em todo o país (Fluerts, 2011).

Uma das razões frequentemente apontadas para o aumento da taxa de crescimento da indústria do fitness é a influência positiva dos meios de comunicação social nas atitudes dos seus consumidores em relação ao fitness.

Numerosos estudos promovem os benefícios da atividade física, incluindo a European CanCer Organisation (ECCO), que concluiu que a prática de exercício físico durante uma hora por dia - independentemente da idade e do peso - pode reduzir os riscos de cancro da mama (e! Science News, 2014). A Organização Mundial de Saúde reduziu o consumo diário recomendado de açúcar, em média, para 6 colheres de chá (Jaslow, 2014).

O apoio de celebridades a marcas de fitness/desporto, incluindo David Beckham e Adidas, bem como a promoção de DVD de fitness lançados por celebridades, alguns dos quais se tornam best-sellers (MacNeill, M., 1998), são outros exemplos em que os meios de comunicação social podem convencer o público em geral a envolver-se em actividades de fitness.

Estudos demonstraram que as revistas de entretenimento, incluindo a Heat e a Closer, são tendenciosas em relação às celebridades consideradas magras e com peso a menos, em contraste com as que têm peso a mais, que raramente recebem uma cobertura positiva (Baker, S. J., 2006).

Por outro lado, os médicos afirmaram que a glorificação de celebridades em boa forma física em vários meios de comunicação social resultou em tentativas excessivas dos seus fãs (celebridades) de imitarem os seus modelos em termos de boa forma física, comportamento e aparência (Yellowlees, 2010).

Rachel Matthews, directora clínica da Newbridge House - um centro especializado para jovens com anorexia - apoiou este ponto de vista, afirmando

"Para alguns jovens, os sítios Web pró-ana e os meios de comunicação social a eles associados desempenham um papel no agravamento e reforço da doença" (The Huffington Post 2012).

A atriz britânica Natalie Cassidy, que lançou DVD's de fitness com um volume de vendas de 100 000 exemplares, foi acusada de utilizar laxantes para tentar manter a sua silhueta. Depois disso, declarou-se *"mais feliz do que nunca"* (Woods, J., 2010) após ter recuperado o seu peso e que os seus DVD eram *"uma farsa"* (Aldridge, G., 2013).

O Fórum Nacional da Obesidade prevê que, até 2050, mais de metade da população do Reino Unido será obesa (National Obesity Forum, 2013 e BBC News, 2014).

Estes artigos e fontes de informação - independentemente da sua credibilidade - são vistos por milhões de pessoas em todo o mundo, tendo potencialmente um impacto no seu desejo de realizar actividades físicas, bem como nos seus hábitos alimentares.

1.1.1. Redes sociais

Ao analisar a influência dos meios de comunicação social no que diz respeito à boa forma física, o aparecimento das redes sociais em linha é outro fator a considerar.

De acordo com o inquérito global Edelman Health Barometer realizado em 2011 (Cartwright 2012):

- 43% afirmaram que a família e os amigos têm o maior impacto no seu estilo de vida saudável
- 36% afirmaram que o facto de terem laços sociais próximos tem o maior impacto na nutrição pessoal
    - 66% dos inquiridos afirmaram que a falta de apoio social contínuo é uma das causas da sua incapacidade para manter uma mudança positiva no seu estilo de vida saudável

Estes resultados sugerem que a fonte de informação proveniente de pessoas que um leitor conhece pessoalmente, incluindo amigos e familiares, e as celebridades que (podem) idolatrar, têm a maior influência nas suas opiniões individuais relativamente ao tema da boa forma física.

No mesmo inquérito, cerca de metade das pessoas utilizaram recursos em linha, incluindo redes sociais, para obter informações sobre saúde.

O sector do fitness é um dos muitos que têm tirado partido das redes sociais, promovendo os seus produtos e serviços junto do seu público-alvo através deste meio. Ao mesmo tempo, os frequentadores dos ginásios são incentivados a utilizar as redes sociais, como o Facebook, o Twitter, o Pinterest e o Instagram, como ferramentas para partilharem a sua progressão no sentido de atingirem os seus objectivos de fitness.
Os incentivos podem ir desde o conhecimento de que as suas participações podem chegar a um público global até à participação em concursos organizados por empresas.

Há um grande número de empresas novas e estabelecidas, incluindo a GymBox e a sua página no Facebook e a conta no Twitter da Virgin Active (Anexo 2A), onde são disponibilizados novos conteúdos ao longo do dia. Estas informações podem ir desde mensagens motivacionais à promoção de actividades em curso nas suas filiais e à forma de se inscrever e participar. Os comentários positivos deixados pelos actuais membros dos seus ginásios são também promovidos regularmente para que todos possam ver.

1.1.2. Objetivo: Identificar a perceção que as pessoas têm da condição física

Apesar do aumento registado no número de pessoas que frequentam os ginásios, do crescimento previsto na indústria global de equipamentos de fitness (PR Web, 2013) e da melhoria dos meios de comunicação (através das redes sociais), há também relatos de que a obesidade está a aumentar em países como o Reino Unido, a América e a China (China Daily, 2013), onde a utilização da Internet é das mais elevadas a nível mundial (United States Census Bureau, 2014).

Esta informação, juntamente com a investigação acima mencionada realizada pelo Statistic Brain

(2014), pode sugerir que, em muitos casos, as tentativas das pessoas para perder peso são de curta duração, resultando numa regressão aos seus antigos estilos de vida fitness. No entanto, será que este processo pode ser acompanhado através das suas actividades nas redes sociais? E, em caso afirmativo, podem ser identificadas tendências que sugiram porquê e como a perceção da saúde e da condição física muda ao longo de um período de tempo?

1.2. Metodologia de investigação

1.2.1. Twitter

Os dados recolhidos para análise tiveram origem em mensagens publicadas pelo público em geral nas redes sociais em linha. Isto deve-se ao facto de as redes sociais serem um recurso popular para a partilha de pensamentos pessoais e para o envio de promoções.

Com mais de 200 milhões de membros activos mensais (Zeevi, 2013), o Twitter é uma rede social em linha (OSN) que me forneceu uma grande base de amostragem de utilizadores e mensagens para seguir. As mensagens (designadas por "tweets") no sítio Web têm um máximo de 140 caracteres e podem conter metadados (uma palavra-chave ou um termo que se supõe estar relacionado com o assunto do tweet). Estes metadados no Twitter são designados por "hashtag" e são identificados com um símbolo de hash antes dos metadados, por exemplo, "#fitness". Existe uma vasta gama de ferramentas e recursos disponíveis para obter e manipular dados baseados no Twitter, com a empresa a fornecer documentação sobre o que pode ser recolhido (Anexo 2B).

Os tweets podem ser obtidos através das APIs (interfaces de programação de aplicações) públicas de streaming do Twitter, onde os detalhes de cada tweet podem ser recolhidos quase em tempo real. Esses detalhes incluem: o conteúdo do tweet, o ID do utilizador, a sua localização geográfica no momento em que foi enviado e a sua data de criação.

1.2.2. Outros estudos de caso

Para garantir a viabilidade e a utilidade desta investigação, bem como a melhor forma de realizar esta tarefa, efectuei uma leitura de fundo sobre estudos e relatórios realizados por outros em relação às redes sociais e à indústria do fitness - e em que medida o meu campo de análise já foi analisado por outros.

Descobri que havia um grande número de estudos realizados sobre os pontos de vista das pessoas relativamente a vários assuntos, em que as redes sociais eram utilizadas como fonte de recolha de dados.

Os tópicos analisados incluem a classificação de críticas de filmes (Pang e Lee, 2004), críticas de produtos (Dave et al., 2003) e a diferença de sentimento entre tweets promovidos e tendências promovidas (especificamente em relação à OSN Twitter) (Dacres et al., 2013).

Paul e Dredze (2011) utilizaram o Twitter como fonte para a extração de tweets relacionados com o tema da saúde pública em 2009, durante o período do surto de gripe suína H1N1. Concluíram que o Twitter era uma boa fonte de recolha de informações, desde que a dimensão dos dados recolhidos fosse suficientemente grande. Foi também referida a necessidade de garantir a relevância dos dados para o tópico recolhido e a sua utilidade para identificar tendências estatísticas a nível geográfico (no que diz respeito às regiões onde determinados tipos de doenças foram mais contraídos).

Os métodos adoptados para tornar isto possível incluem a análise manual de centenas de objectos do Twitter para procurar palavras-chave específicas em cada tweet que mostrassem relevância em relação ao tópico que o investigador pretendia focar (Scanfeld et al., 2010). Estes seriam depois utilizados como base para o algoritmo de extração de objectos do Twitter (processo) para identificar e recolher apenas os tweets que correspondessem aos critérios necessários para a análise.

Os erros ortográficos comuns, as alcunhas e os termos indirectos de relação também foram tidos em conta em estudos como o de Kim et al. ao tentar detetar o sentimento retratado no Twitter em relação ao falecimento do artista Michael Jackson (Kim et al., 2009). Os exemplos citados incluem: 'MJ', uma alcunha associada à celebridade e 'Micheal', um erro ortográfico comum do nome 'Michael') com o objetivo de garantir que as mensagens que continham esses termos não eram omitidas do conjunto de dados obtido.

Um estudo sobre se o sentimento das sociedades (com base em tweets) relativamente aos mercados bolsistas influenciava a sua tomada de decisões (Bollen et al., 2011) concluiu que o Twitter era uma boa fonte para identificar o estado de espírito do público em geral. No entanto, verificou-se que não era possível explicar claramente a razão pela qual as pontuações de sentimento obtidas eram as correctas - sem uma análise mais aprofundada do conteúdo dos próprios tweets que forneceram esses resultados. A questão de saber se as conclusões baseadas nas comunidades em linha seriam diferentes quando a fonte de informação provém de outras fontes, por exemplo, presencialmente.

Asur et al. (2010) identificaram o Twitter como um recurso útil, quando analisado corretamente, para prever eventos futuros, com ênfase na previsão da geração de receitas por filmes de bilheteira ainda não lançados. Foram estabelecidas fortes correlações entre este facto e a frequência dos tweets enviados que faziam referência aos filmes analisados (quanto maior o número de tweets e, por conseguinte, o interesse em linha, maior a receita suscetível de ser gerada). Este é um exemplo em que a referência a comunidades em linha para identificar tendências é adequada para a avaliação de um leque mais alargado de comunidades (ou seja, comunidades offline).

Os serviços Web de microblogging, incluindo o Twitter, são identificados e referidos como uma "ferramenta em linha para a comunicação boca a boca com os clientes" (Jansen et al., 2009), apoiando mais uma vez a teoria de que a extração de opiniões de mensagens enviadas em linha tem uma forte correlação com as comunidades offline. No entanto, no mesmo relatório, as questões levantadas incluem o facto de os serviços de microblogging serem vulneráveis à inclusão de mensagens de spam, incluindo roubo de identidade e phishing, coisas que podem ser consideradas dados incorrectos (definidos no capítulo 4.2).

Por último, um estudo sobre léxicos de sentimento (as palavras utilizadas numa língua) para a extração de opiniões relacionadas com a saúde (Goeuriot et al., 2012) concluiu que a extração de opiniões pode ser bem sucedida para mensagens geradas pelos utilizadores relacionadas com a saúde, tendo utilizado uma série de algoritmos/ferramentas de sentimento, como a SentiWordNet (analisada em profundidade no capítulo 5.2).

1.2.3. Conclusões da investigação

Em conclusão, a minha investigação sobre outros estudos de caso que envolviam a análise do sentimento de vários tópicos recomendou que o Twitter fosse uma fonte viável para identificar o sentimento de uma vasta gama de tópicos, desde a saúde a ambientes de mercados financeiros e críticas de filmes. Estas informações confirmaram a minha lógica subjacente à decisão de utilizar o Twitter como OSN para a extração de opiniões.

Os debates sobre aspectos da saúde - com os quais a aptidão física pode estar relacionada - já foram realizados com elevado grau de sucesso. Entre estes contam-se Goeuriot et al. (2012), que se centraram no domínio médico/fármaco, e Paul e Dredze (2011), que se centraram no medo do H1N1.

Ao mesmo tempo, pouco se encontrou em que os relatórios se centrassem especificamente na discussão da atividade física e no sentimento do público em relação a esta. Espera-se, portanto, que este relatório revele informações úteis relativamente a este tópico para futuras referências.

Paul e Dredze (2011) e Dacres et al. (2013) discutiram a importância de filtrar os dados ruidosos (sem sentido e irrelevantes), incluindo o spam (Jansen et al., 2009), que, de outra forma, poderiam resultar na obtenção de resultados incorrectos. Isto, juntamente com a metodologia adoptada por Scanfeld et al. (2010), foi considerado para garantir a relevância e a utilidade dos resultados obtidos. Simultaneamente, apercebi-me da necessidade de ter em consideração os erros ortográficos e os termos que poderiam ser interpretados de formas não específicas do fitness (Kim et al., 2009).

A importância de ter um grande conjunto de dados é outro fator considerado com base no estudo realizado por Paul e Dredze (2011), em que quanto maior for o conjunto de dados obtido, mais válidos serão os resultados. Sendo o Twitter uma boa fonte de extração de dados, onde são feitas comparações com base na localização, é algo que pode ser aplicado à minha investigação na forma como a pontuação do sentimento varia com base nisso.

CAPÍTULO 3

<u>**Implementação planeada**</u>

Para ter acesso a todas as funcionalidades disponibilizadas pelo Twitter, criei uma conta e dei à aplicação/programa a implementar para rastrear os dados do Twitter acesso à API do Twitter através das credenciais da minha conta.

O Twitter utiliza o OAuth (Apêndice 3A), que é uma norma aberta para autorização, utilizada para garantir que as aplicações de terceiros (ou seja, a implementação do meu programa) têm permissão para aceder às informações do fornecedor de recursos (Twitter) em nome do titular da conta (eu).

Também adere a quaisquer níveis de acesso definidos pelo titular da conta - determinando a gama de actividades que podem ser executadas pela aplicação (no caso do Twitter, Ler, Escrever e Aceder a mensagens directas - todos os quais foram definidos para o meu programa, permitindo-lhe obter o máximo de informação disponível). Isto inclui a possibilidade de obter e enviar tweets no meu perfil do Twitter, ler mensagens directas (privadas) entre a minha conta e um destinatário e também ver tweets enviados por outros que podem ser acedidos publicamente.

Uma vez ligado ao fluxo da API do Twitter, consegui captar tweets em direto que continham qualquer um de uma série de termos especificados. Esses termos estariam relacionados com o tópico fitness, como #fitness e #gym.

Foram incluídas frases relacionadas com o tema da boa forma física - positivas ou negativas - sendo um dos meus desafios garantir que qualquer combinação de palavras-chave e frases se relacionasse o mais possível apenas com o tema da boa forma física. A identificação dos termos adequados a utilizar exigiu a pesquisa manual e a avaliação dos tweets existentes - obtidos com base em termos de pesquisa definidos. Semelhante ao processo efectuado por Scanfeld et al. (2010). Os termos que apresentaram o maior número de tweets e que considerei estarem relacionados com o tema da condição física foram utilizados para filtrar durante o processo de recolha de dados.

Para garantir e melhorar a precisão do meu conjunto de dados, após o processo de recolha, procedi à eliminação de resultados ruidosos. Isto foi conseguido adoptando um processo semelhante ao da recolha de dados, em que filtrei a recolha de tweets, identificando tendências em dados irrelevantes e utilizando essa informação para excluir esses dados do conjunto de dados alterado.

A partir daqui, processaria os meus dados através de um algoritmo de deteção de sentimento/emoção que seria capaz de analisar o conteúdo do tweet e devolver uma pontuação de sentimento.

Após a conclusão do processo de recolha de dados, poderei então produzir os resultados necessários para concluir a minha investigação. Em resumo, as tarefas necessárias para a conclusão deste projeto foram divididas da seguinte forma

1)   Tweets de recolha e armazenamento
2)   Eliminação de tweets irrelevantes

(ou seja, a remoção de tweets não relacionados. Por exemplo, o termo "abs" pode referir-se ao músculo abdominal (relevante para o tópico de fitness) e ao sistema de travagem anti-bloqueio existente nos automóveis (irrelevante para o tópico de fitness))

3A) Aplicação da análise de sentimentos ao conjunto de dados para produzir feedback sobre as opiniões relativas ao tema da saúde e da boa forma física com base em cada tweet

3B) Aplicar a análise a uma série de segmentos - incluindo a localização e a data dos tweets

4) Produzir resultados e conclusões

Os capítulos seguintes descrevem em pormenor a forma como cada tarefa foi realizada.

CAPÍTULO 4

<u>Processo de recolha de dados</u>

4.1.   Identificação de uma ferramenta de recolha de dados para tweets

Antes de obter o meu conjunto de dados, tive de decidir qual dos muitos programas disponíveis para captar dados do Twitter seria o mais adequado às minhas necessidades. As bibliotecas/métodos de programação examinados incluem: Twitter4J (uma biblioteca Java não oficial para a API do Twitter), Tweepy (a biblioteca Python equivalente à Twitter4J) e ntwitter (uma API cliente do Twitter para utilização com node.js - utilizando a linguagem de programação JavaScript).

Tendo achado a linguagem Python mais fácil de trabalhar do que Java, adoptei a utilização da biblioteca Tweepy para este projeto. Python é conhecida como uma linguagem de tipagem dinâmica forte, em que os tipos de objectos (uma localização na memória que contém um valor) são inferidos dinamicamente. Em geral, são necessárias menos linhas de código em Python para executar processos semelhantes, enquanto Java é uma linguagem de tipagem estática forte, em que os tipos de objectos têm de ser declarados antes da execução.

Como tal, quis implementar o meu programa com a minha língua preferida, de modo a reduzir a probabilidade de surgirem problemas e também para maximizar o período de tempo em que o processo de recolha de dados poderia ocorrer.

Embora o JavaScript também seja geralmente considerado uma linguagem de programação dinâmica, por ter menos experiência de trabalho com JavaScript, decidi não implementar o meu programa de recolha de dados utilizando o ntwitter.

Escolhendo o Tweepy, implementei um programa que se ligava ao fluxo da API do Twitter, onde os dados do Twitter podiam ser obtidos em tempo real. A figura 4A contém a secção principal do código utilizado para a recolha de dados do Twitter. Esses dados seriam baseados em cada tweet que contivesse um termo que eu especificasse que deveria conter.

Os termos foram determinados com base na análise manual dos tweets enviados antes do processo de captura, avaliando aqueles que considerei terem uma boa percentagem de tweets relacionados com o tema da boa forma física. Por exemplo, o metadado '#100kreasons' é um hashtag utilizado para promover as tentativas das pessoas de atingirem os seus objectivos de fitness, para terem a oportunidade de ganhar um concurso organizado pelo retalhista de suplementos desportivos Bodybilding.com, sediado nos Estados Unidos (Anexo 4A). Outros termos incluídos foram os frequentemente associados a actividades saudáveis ('exercício' e 'dieta'), grupos musculares ('abdominais' e 'barriga das pernas') e estados de espírito ('preguiçoso' e 'motivado'). Uma vez que a boa forma física é uma das resoluções de Ano Novo mais frequentemente utilizadas, os tweets que mencionavam resoluções também foram considerados para análise.

Como este programa seria implementado na linguagem Python, decidi que todos os dados recolhidos seriam armazenados num ficheiro de texto (.txt), a partir do qual o Python (bem como outras linguagens de programação, incluindo Java) seria capaz de ler os dados. Para garantir que seriam recolhidos dados suficientes, este programa estaria em funcionamento durante um período de 43 dias, de 24th de dezembro de 2013 a 4th de fevereiro de 2014. Os dados recolhidos eram então gravados num disco rígido local, separados em ficheiros com base na data de captura. Os ficheiros seriam depois objeto de cópias de segurança externas frequentes, devido às limitações de armazenamento do disco rígido em que a máquina gravaria os dados recebidos. Isto também serviria como um plano de contingência em caso de falha de hardware no dispositivo de armazenamento principal.

A autorização OAuth para o fluxo da API do Twitter foi concedida ao meu programa assim que as chaves de consumidor e os tokens de acesso da minha conta Twitter foram fornecidos (para efeitos de autenticação) - sem necessidade de fornecer também detalhes seguros, incluindo o nome de ecrã e a palavra-passe da minha conta (Fig. 4A).

```python
# module imports for connecting to Twitter's Streaming APIs for the possible collection of incoming tweet messages
from tweepy.streaming import StreamListener
from tweepy import OAuthHandler
from tweepy import Stream

## NOTE: values for variables below replaced with "*****" for confidentiality reasons

# TWITTER API AUTHENTICATION FOR ACCOUNT: @mbrown_90
consumer_key="*****"
consumer_secret="*****"
access_token="*****"
access_token_secret="*****"

if __name__ == '__main__':
    l = StdOutListener()
    auth = OAuthHandler(consumer_key, consumer_secret)
    auth.set_access_token(access_token, access_token_secret)

    stream = Stream(auth, l)
    # captures tweets that contain any of the following terms within the Twitter data
    stream.filter(track=[
    '#100kreasons', 'abs','abworkout','activeness',
    'barbell','beachbody','bicep','bmi','bulking','byebye2013',
    'calories','calves','carb','cardio','#change','circuits','cleaneating',
    'demotivated','diet','doms','doyoueven','dumbbell',
    'eating','elliptical','endorphins','exercise',
    'fatfighter','fatgirl','fatgirlproblems','fatloss','fatty','fit','fitfam','fitness',
    'gains','gaining','getbig','GymIsLife','lifting','giveup','gym','gymetiquette',
    'healthtalk','healthybreakfast','hips',
    'icandothis', 'jumprope', 'lazy','lean','lovetheburn', 'motivated','motivation',
    'newme','newyear','newyearsresolutions','newyearsday','nopainnogain','nye',
    'obese','obesity','onepack','olympian',
    'painandgain','pecks','progress','protein', 'regimen','resolution','resolutions'
    'scale','scales','shredded','sixpack','skinny','slimmingworld','starttoday','staydetermined',
    'tired','trainforlife''trainhard','treadmill','tricep','toolazy','tubby',
    'unmotivated',
    'waist','weightloss','weight-loss','weights','weightwatchers','workout'
    ])
```

Fig 4A - Código Python utilizado para permitir que o programa aceda à API REST do Twitter

A minha lista de palavras-chave foi adicionada ao método de filtragem do fluxo ligado, garantindo que os tweets que não continham nenhum dos termos eram ignorados do processamento posterior.

Os dados recolhidos do fluxo foram fornecidos sob a forma de um objeto JSON. JSON (JavaScript Object Notation) é uma norma aberta que consiste num texto legível por humanos fornecido sob a forma de pares atributo-valor.

O Apêndice 4B apresenta um exemplo do formato e do conteúdo de uma única instância de dados do Twitter (JSON), incluindo o conteúdo do tweet recolhido, o nome de ecrã e o nome real (tal como fornecidos pelo titular da conta), a hora em que o tweet foi enviado e a língua em que o tweet foi fornecido. Os tweets que passassem nas condições de filtragem seriam escritos no ficheiro .txt, utilizando o pedaço de código apresentado na Fig. 4B.

```python
# TIMESTAMP FUNCTION FOR RETURNING COMPUTER SYSTEM TIME
def timeStamped(fname, fmt='%d-%m-%Y_{fname}'):
    return datetime.datetime.now().strftime(fmt).format(fname=fname)

# TWITTER API STREAM LISTENER
class StdOutListener(StreamListener):

    def on_data(self, data):
        # WRITE DATA/TWEET TO FILE - FILE NAME CONFIRMED VIA TIMESTAMPED FUNCTION
        with open(timeStamped('tweetData.txt'), "a") as f: # RENAME FILENAME
            f.write(data) # write twitter data to file
            print "tweet collected at: " + datetime.datetime.now().strftime("%d-%m-%Y-%H:%M:%S")
            return True
```

Fig. 4B: Código Python utilizado para escrever o objeto JSON no ficheiro

No total, foram recolhidos 229,1 GB de dados durante este processo, mais de 56 milhões de objectos do Twitter. Este programa é apresentado na secção "1] Recolha de objectos do Twitter (Tweepy)" do material de apoio.

4.2. Filtragem de dados incorrectos do conjunto de dados

Quando se refere à recolha de "dados incorrectos", estes podem ser identificados de várias formas. Como explicado na secção 2.2.3, isto inclui tweets não relacionados com o tema da aptidão física. Essas mensagens devem ser removidas para garantir a integridade do conjunto de dados recolhidos.

Outro fator considerado foi a língua do texto fornecido em cada tweet recolhido. Apesar de as ferramentas de análise, incluindo o Chatterbox, incluírem a deteção de línguas para uma vasta lista de línguas, como o francês, o espanhol e o português, como o inglês é a única língua que compreendo fluentemente, decidi concentrar-me apenas nos tweets desta língua para melhorar a probabilidade de integridade dos dados durante esta fase do processo (em que estaria envolvida a filtragem manual).

Para cada linha de dados do conjunto de tweets recolhidos, foi utilizada uma declaração condicional para verificar se o idioma do autor estava definido como inglês (Fig. 4C).

```python
with open(file) as myfile:
    for line in myfile:
        if(',"text":"' in line and '","source' in line and '"lang":"en","contributors_enabled":' in line):
            tempLine = line.split(',"text":"')[1].split('","source')[0]
```

Fig 4C: Trecho do código do programa python que extrai objectos do Twitter quando o idioma do perfil do titular da conta está definido para inglês

Os que cumpriam esta condição foram escritos num novo ficheiro, sendo omitidos os objectos do Twitter identificados como não sendo ingleses.

A partir daqui, recolhi uma amostra aleatória de 5000 tweets por palavra-chave utilizada durante o processo de recolha de dados. Foram também pesquisados outros termos não utilizados anteriormente durante o processo de recolha, garantindo que as palavras-chave válidas não contabilizadas anteriormente não seriam eliminadas durante o processo de filtragem.

Como um dos obstáculos da recolha de dados é garantir que foram obtidos dados exactos, estas amostras foram avaliadas manualmente para identificar a relevância geral dos tweets com base nessa palavra-chave. Quando se considerou que um grande número de tweets não se baseava no tema da boa forma física, identifiquei palavras comuns nesses tweets irrelevantes para os eliminar.

Por exemplo, o termo "barra" é normalmente utilizado para designar o equipamento de exercício utilizado no treino com pesos. No entanto, o mesmo termo pode também referir-se a um estilo de jóias com piercing. Estes tweets contêm normalmente termos adicionais que só são utilizados com base no tópico discutido. As menções de termos como "jóias", "nariz" e "septo", quando presentes, juntamente com "barra" num tweet seriam, portanto, filtradas do conjunto de dados. Abaixo está um exemplo de uma declaração condicional usada com o termo "six pac" para tweets que se referem ao músculo abdominal e não a uma embalagem de cerveja:

```python
elif('six pac' in l and ('beer' not in l and 'fridge' not in l and 'cold' not in l)):
```

Fig 4D: Trecho do código do programa python que verifica se cada linha de dados satisfaz as condições especificadas

Em seguida, obtinha mais 5000 tweets aleatoriamente, utilizando os mesmos critérios de pesquisa, e reavaliava a relevância dos tweets até que uma elevada percentagem de tweets nos objectos JSON do Twitter fosse considerada relevante. Após a conclusão deste processo, o meu conjunto de dados foi reduzido para cerca de 23 milhões de objectos do Twitter. O Apêndice 4C contém o código completo utilizado neste processo de filtragem.

CAPÍTULO 5

Realização de análise de sentimentos

5.1. Identificação de ferramentas de sentimento viáveis

Existe uma vasta gama de ferramentas de sentimento para identificar as emoções retratadas em fragmentos de texto. A Chatterbox (Apêndice 5A) é uma API (baseada na aprendizagem automática) que me permitirá fazer isso, com taxas de precisão favoráveis em relação a outras API, incluindo a ViralHeat e a Data Science Toolkit (Apêndice 5B). A aprendizagem automática envolve a conceção científica e o desenvolvimento de computadores capazes de reconhecer e responder a padrões identificados de uma forma desejável. Isto pode ajudar a (acelerar a) filtragem e classificação de conjuntos de dados, particularmente útil quando a dimensão do conjunto de dados é tão grande que a filtragem manual se torna um processo difícil e moroso.

Goncalves et al. (2013) efectuaram um estudo sobre sete ferramentas de análise de sentimentos amplamente utilizadas, identificando as que apresentavam maior cobertura e medida F (de verdadeiros e falsos positivos).

A medida F de cada ferramenta identifica a sua taxa de precisão e de recuperação de dados relevantes, ou seja, a medida em que a ferramenta é capaz de identificar corretamente os termos relevantes que identificam o sentimento de uma mensagem e o rácio entre os termos relevantes e os termos irrelevantes analisados.

A partir daí, produziram uma nova ferramenta de sentimento chamada iFeel. Esta utiliza a maioria das ferramentas de sentimento pesquisadas: SentiWordNet, Emoticons, PANAS-t, SASA (Signal Analysis and Interpretation Laboratory e Annenberg Innovation Laboratory Sentiment Analyzer), Happiness Index, SenticNet e SentiStrength. Em seguida, produz um resultado combinado destas ferramentas. Quando os resultados são combinados, é aplicada uma distribuição de peso sugerida em que as ferramentas com a medida F mais elevada recebem a maior ponderação.

A SentiWordNet (Anexo 5C) é um recurso lexical que detecta a positividade, a negatividade e a neutralidade das mensagens, utilizando os anéis de sinónimos da WordNet (o agrupamento de termos semanticamente equivalentes). Esta ferramenta tem sido utilizada em estudos dignos de nota, incluindo a extração de opiniões relacionadas com a saúde realizada por Goeuriot et al. (2012).

A utilização de emoticons envolve uma lista de símbolos normalmente identificados como positivos e negativos que são utilizados para determinar o sentimento de uma determinada mensagem (quando é utilizado um emoticon válido) e que são apresentados abaixo:

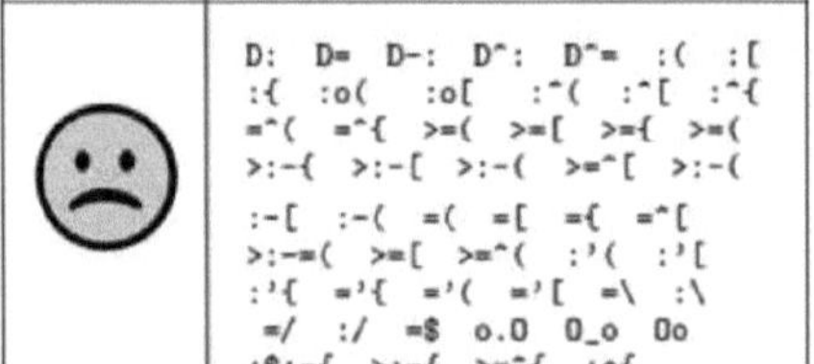

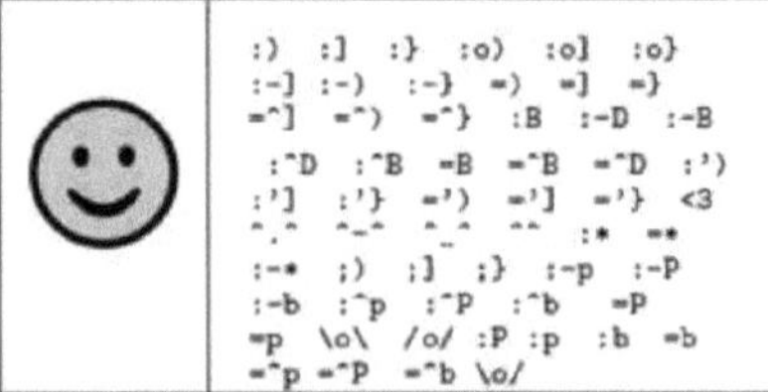

Fig 5A: Gráfico com os emoticons utilizados para identificar sentimentos negativos e positivos

Estudos como o de Hogenboom et al. (2013) apoiam a relevância da avaliação dos emoticons, em que os sinais não verbais têm uma força igual e por vezes maior na transmissão de emoções quando comparados com os sinais verbais, e que a utilização de meios de comunicação baseados em computador pode produzir resultados semelhantes. No mesmo estudo, é apresentado um exemplo que mostra a influência que os emoticons podem ter em termos de transmissão de sentimentos numa mensagem:

Sentence	How	Sentiment
I love my work :-D	Intensification	Positive
The movie was bad :-D	Negation	Positive
:-D I got a promotion	Only sentiment	Positive
-_- I love my work	Negation	Negative
The movie was bad -_-	Intensification	Negative
I got a promotion -_-	Only sentiment	Negative

Fig. 5B: Exemplos de frases e do impacto que a inclusão de emoticons tem no sentimento percepcionado

O emoticon utilizado nas frases 3 e 6, por exemplo, ajuda a determinar se o mesmo acontecimento descrito no texto é uma experiência positiva ou negativa para eles.

A PANAS-t baseia-se na escala PANAS (Positive and Negative Affect Scale) original, produzida por Watson et al. (1988). Esta escala utiliza escalas psicológicas de estados de espírito que consistem em emoções positivas e negativas (incluindo Hostilidade, Serenidade, Fadiga e Jovialidade). Os termos são agrupados em cada escala e combinados para produzir uma classificação da emoção.

O SentiStrength (Anexo 5D) estima a força do sentimento positivo e negativo numa mensagem, adoptando o processo de aprendizagem automática. Neste caso, são utilizadas várias abordagens de aprendizagem automática para produzir uma pontuação global, incluindo árvores de decisão J48 (um método supervisionado, em que os dados de treino têm de ser rotulados manualmente, para que o programa os utilize ao calcular o rótulo mais adequado para um novo conjunto de dados).

O SASA (SAIL/AIL Sentiment Analyser) utiliza o modelo Naive Bayes de aprendizagem automática (supervisionada) para classificar os tweets como positivos e negativos (bem como inseguros e neutros). Wang et al. (2012) desenvolveram esta ferramenta para a utilização da análise de sentimentos das eleições presidenciais de 2012 nos EUA.

O Índice de Felicidade produz uma escala de sentimentos com base na presença de termos específicos incluídos numa mensagem. Esses termos foram calculados com base no prazer, excitação e dominância e foram avaliados manualmente com dados de amostra para avaliar a validade dos resultados.

Por último, o SenticNet (Anexo 5E) utilizou o Processamento de Linguagem Natural (baseado na aprendizagem automática estatística) e o modelo de categorização "Hourglass of Emotion" para classificar as mensagens como positivas e negativas.

Concluiu-se a partir da pesquisa de Gonçalves et al. (2013) que nenhuma das ferramentas de análise forneceu os melhores resultados em todas as análises de cobertura e medida F, no entanto identificaram através de sua pesquisa que a pontuação combinada que o iFeel forneceu alcançou uma taxa muito alta de cobertura e predição ao longo de todo o processo.

5.2. Escolher uma ferramenta de sentimentos

Existem muitas outras ferramentas disponíveis que podem ajudar na realização do meu projeto, mas, devido a limitações de tempo, não me foi possível testar as capacidades dessas ferramentas, incluindo algumas das que foram analisadas pelos investigadores mencionados no capítulo anterior.

Uma vantagem do Chatterbox em relação ao iFeel é a sua capacidade de processar texto de vários idiomas, incluindo francês e italiano. A partir de testes efectuados com uma amostra de 10.000 linhas de dados, processou os resultados a um ritmo mais rápido do que o iFeel. No entanto, com o limite de pedidos por dia definido para quarenta e três mil, isso restringe a minha capacidade de processar o meu conjunto de dados filtrados, que é superior a 20 milhões de mensagens, dentro do período de tempo atribuído.

O iFeel, por outro lado, não tem limite de pedidos. Foram encontrados problemas semelhantes com ferramentas de sentimento alternativas, incluindo TweetSentiments, ML Analyzer e Text-Processing (Apêndice 5F), em que os limites de pedido eram demasiado pequenos para a quantidade de dados que eu precisava de analisar num curto espaço de tempo. Além de ser uma ferramenta de utilização gratuita, o iFeel tem também a vantagem de utilizar várias ferramentas de sentimento amplamente utilizadas (gratuitas) para basear os seus resultados, melhorando a correção dos resultados produzidos. Técnicas adoptadas em vários estudos existentes, incluindo Goncalves et al. (2013) e Wang et al. (2012), são utilizadas no iFeel, facilitando o processo de identificação de resultados de várias ferramentas e diminuindo o impacto das limitações que podem ser encontradas nessas ferramentas quando utilizadas individualmente.

5.3. Efetuar a análise de sentimentos no conjunto de dados

Tendo decidido qual a ferramenta de sentimento a utilizar para a análise do meu conjunto de dados, implementei um programa baseado em python que alterava cada linha de dados com o valor de sentimento produzido pela ferramenta iFeel. Os valores variavam entre um e um negativo, sendo que um representava o maior sinal de emoção positiva e um negativo o maior sinal de emoção negativa. A pontuação de zero seria, portanto, interpretada como uma mensagem neutra em termos de sentimento.

Com o seu sítio Web a conter um limite de 10 000 linhas de tweets que podiam ser analisadas de cada vez, após comunicações com os criadores da ferramenta foi-me dado acesso direto à sua API (baseada em Python e Perl), onde essas restrições não existiam. O código utilizado para este processo é apresentado no Apêndice 5G.

CAPÍTULO 6

Resultados

Com o meu conjunto de dados obtido, efectuei a análise dos meus dados do Twitter para identificar se era possível encontrar correlações entre a pontuação do sentimento dos tweets e uma série de outras características. Os gráficos desses resultados foram produzidos utilizando o ambiente de computação estatística RStudio (Anexo 6A):

6.1. Frequência da pontuação de sentimentos

O meu primeiro tópico de interesse foi o intervalo de frequência das pontuações obtidas por tweet.

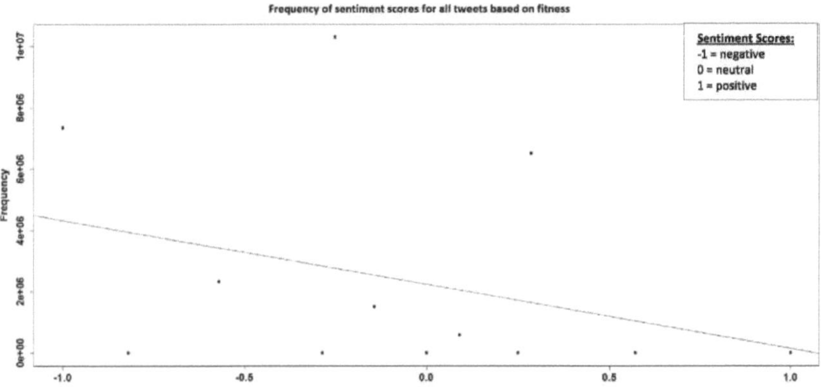

Fig 6A: Gráfico de frequências para todas as pontuações sentimentais obtidas

Como mostra a Fig. 6A, a pontuação obtida com maior frequência foi -0,25. Seguiram-se as pontuações de -1 e 0,28. De todos os tweets analisados, apenas quatro obtiveram a pontuação máxima positiva de 1, havendo quase três vezes mais tweets negativos (pontuação abaixo de neutro) do que positivos (pontuação acima de neutro).

Também é traçada no gráfico a linha de regressão (linear), usada para identificar como as variáveis (a pontuação de sentimento e a frequência) se relacionam entre si - se houver uma correlação. Neste cenário, existe uma correlação negativa em que, à medida que a pontuação do sentimento aumenta, a frequência de ocorrência diminui. O coeficiente de correlação calculado para este cenário é: -0,3311313, sugerindo uma relação linear moderadamente negativa.

Embora estes resultados sugiram que o sentimento em relação ao tema da boa forma física durante o período de janeiro e fevereiro se situou principalmente entre o negativo e o neutro, é importante considerar os factores que podem ter levado à obtenção destes resultados.

6.2. Correlações entre retweets e tweets padrão

Dividi os dados em dois tipos de mensagens, retweets e tweets normais, para identificar o impacto que o tipo de tweets tinha na gama de pontuação do sentimento.

Retweetar (Apêndice 6B) é uma função fornecida pelo Twitter que permite a um utilizador enviar uma repostagem do tweet de outra pessoa (normalmente na sua página de perfil). Podem existir várias razões para um utilizador querer fazer um retweet, incluindo para futura referência pessoal. As razões frequentemente citadas para a sua utilização são a demonstração pública de concordância com os comentários da fonte e a divulgação da acessibilidade desses comentários a novos públicos (Boyd et al., 2013). Por conseguinte, pode concluir-se que, em geral, o motivo subjacente ao ato de retweetar se deve ao facto de o utilizador gostar do conteúdo do tweet original. Os tweets normais são uma indicação igual, se não maior, do sentimento do titular da conta em relação ao tópico em discussão, uma vez que são a fonte original do tweet e, ao contrário dos retweets, é mais difícil argumentar que os seus pontos de vista foram influenciados por factores externos (como celebridades - muitas vezes significando que essa pessoa retweetou um tweet seu, por exemplo).Por outro lado, os retuítes são uma das melhores fontes disponíveis de prova de que um tweet foi efetivamente lido por alguém - mais uma vez, uma indicação da sua potencial força de influência de outros utilizadores activos no sítio das redes sociais.

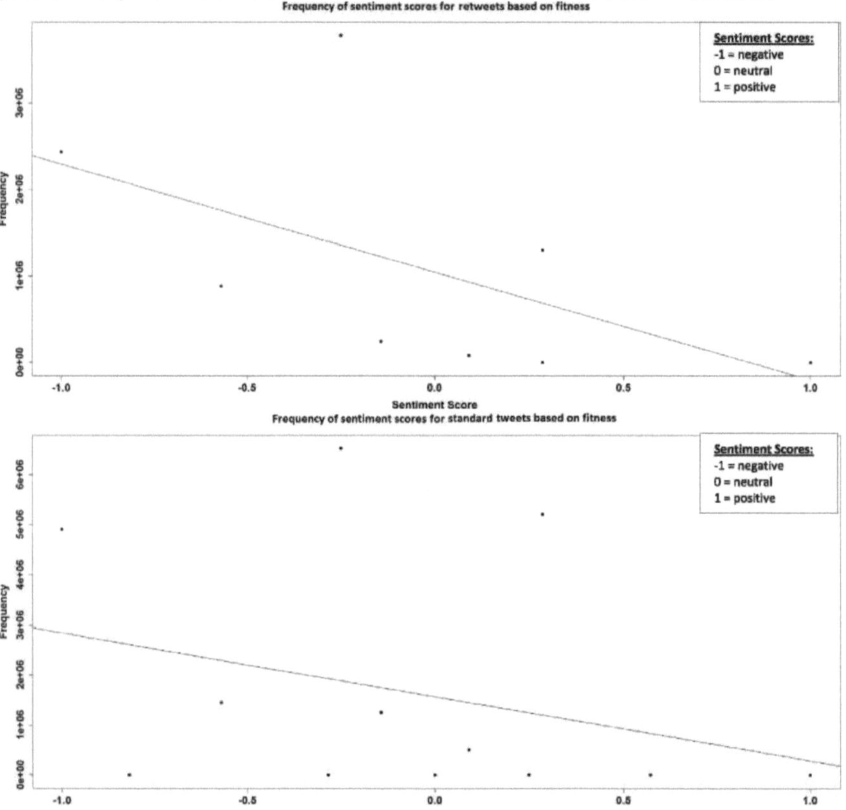

Fig. 6B e 6C: Gráficos de frequência para a classificação do sentimento de retweets e tweets padrão

Avaliando os tweets quando segmentados por estes dois tipos, o rácio de retweets para tweets padrão recolhidos foi de 1:2. Mais uma vez, -0,25 foi a pontuação de sentimento mais frequentemente registada tanto nos tweets padrão como nos retweets. No entanto, a semelhança nas tendências com a da Fig. 6A difere para os tweets padrão, onde a pontuação mais positiva de

0,28 é a segunda pontuação mais frequente.

Isto pode ser visto como um indicador de que os utilizadores de contas do Twitter têm mais probabilidades de retweetar um tweet negativo do que positivo. Também pode indicar que as pessoas que analisam o sentimento em relação ao fitness em redes sociais como o Twitter têm mais tendência para procurar as respostas negativas do que as positivas. A avaliação do coeficiente de correlação para os retweets deu o valor de -0,5510975, com os tweets normais a darem o valor -0,299846. Tal como acontece com os dois tipos de tweet comparados em conjunto (Fig. 6A), os retweets e os tweets normais, quando analisados separadamente, mostram uma correlação negativa no que respeita à pontuação do sentimento e à sua contagem de frequência. Os retuítes apresentam uma relação linear negativa muito mais forte quando comparada com a fraca relação linear negativa dos tweets normais e da frequência. Isto indica que, para além de o sentimento ser mais positivo em geral para os tweets normais, existe uma distribuição mais uniforme em termos da frequência da pontuação do sentimento.

6.3. Pontuação do sentimento com base na contagem de seguidores do autor
A contagem de seguidores de uma conta do Twitter (obtida a partir da chave "followers_count" em cada objeto JSON do Twitter - como se mostra no Apêndice 4B) identifica o número de pessoas que desejam ver os novos tweets enviados pelo titular dessa conta na sua própria linha do tempo (página inicial).

Ter um grande número de seguidores pode ser um indicador da popularidade dessa pessoa, provavelmente devido ao interesse que os outros têm no que ela tem para dizer. É também uma indicação de até que ponto a sua influência pode ser difundida entre as pessoas. Abaixo está um gráfico de caixa que compara a contagem de seguidores com a pontuação de sentimento, juntamente com uma tabela que mostra a frequência de tweets obtida para o intervalo de seguidores.

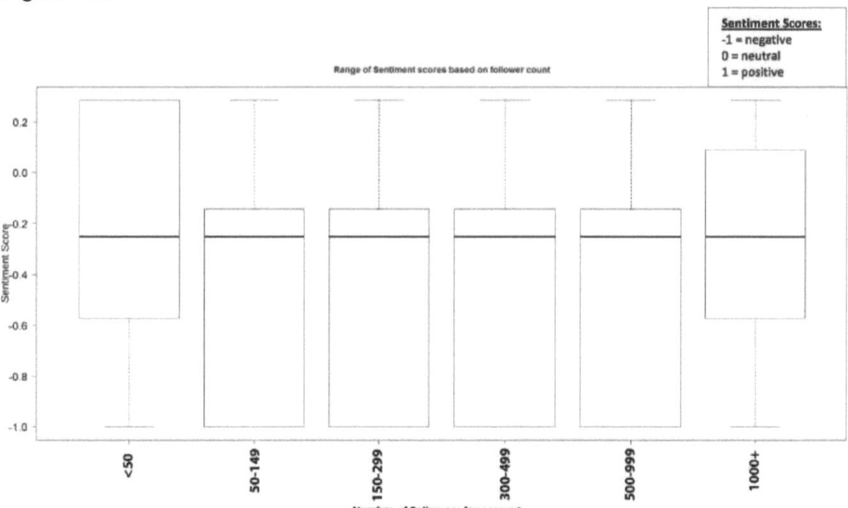

6D: Gráfico de caixa que mostra a gama de classificações de sentimento recebidas dos tweets, com base na contagem de seguidores do autor

Followers Count	Frequency
<50	3174118
50-149	4299599
150-299	5101105
300-499	4043316
500-999	3613243
1000+	3721157

6E: Frequência dos objectos do Twitter no conjunto de dados, com base no número de seguidores do autor

Embora seja difícil sugerir, a partir destes resultados, que existe uma correlação direta entre a contagem de seguidores e o sentimento das suas mensagens, pode concluir-se que as contas em ambos os extremos das seis categorias produziram a maior gama de sentimentos positivos. As contas que têm entre 50 e 999 seguidores produziram sentimentos neutros a negativos, com a maioria das pontuações a variar entre 0,28 e -1.

6.4. O sentimento dos tweets numa base diária

O conjunto de dados foi então categorizado e representado graficamente com base no dia em que o tweet tinha sido enviado. A Fig. 6F contém uma tabela que mostra o número de tweets recolhidos em cada um dos 43 dias - entre 24 de dezembro de[th] 2013 e 4 de fevereiro de[th] 2014. Os resultados de um pequeno número de dias foram afectados devido a complicações imprevistas (incluindo uma falha de energia em 31 de dezembro[st] e cortes de ligação à Internet em 06 de janeiro[th] , 25 -26[thth]), limitando o número de tweets recolhidos nesses dias.

Date	Tweets Collected	Date	Tweets Collected
Dec-24	227575	Jan-15	623030
Dec-25	295235	Jan-16	719563
Dec-26	429370	Jan-17	638259
Dec-27	563505	Jan-18	512922
Dec-28	477424	Jan-19	504704
Dec-29	471549	Jan-20	654577
Dec-30	574097	Jan-21	780502
Dec-31	230964	Jan-22	663047
Jan-01	719563	Jan-23	690750
Jan-02	711336	Jan-24	639895
Jan-03	650071	Jan-25	278652
Jan-04	543768	Jan-26	61228
Jan-05	558748	Jan-27	690670
Jan-06	108604	Jan-28	963741

Jan-07	525065	Jan-29	676985
Jan-08	717575	Jan-30	674498
Jan-09	688516	Jan-31	648491
Jan-10	464587	Feb-01	550281
Jan-11	581931	Feb-02	496137
Jan-12	296956	Feb-03	598195
Jan-13	671284	Feb-04	663293
Jan-14	715395	**Total**	**23952538**

Fig 6F: Tabela do número de tweets obtidos durante o processo de recolha de dados

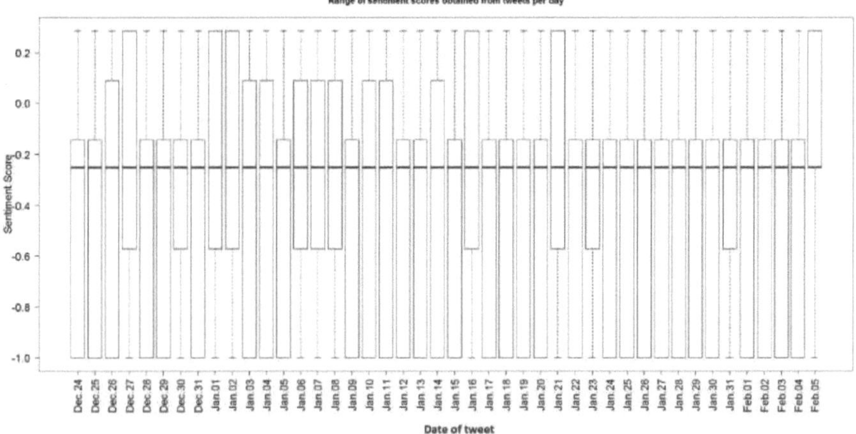

Fig 6G: Gráfico de caixa que mostra a gama de pontuações de sentimento obtidas a partir de tweets para cada dia

As tendências que podem ser identificadas no gráfico da Fig. 6G incluem o facto de a pontuação mediana em todos os dias ser ligeiramente inferior a -0,2. Mais uma vez, o valor mais alto obtido em geral é ligeiramente superior a 0,2, com o mais baixo a -1 (como se mostra nas figuras 6B e 6C). O intervalo interquartil (onde foram obtidos os 50% intermédios das pontuações) varia consoante os períodos de tempo, mas, em geral, situa-se entre o intervalo de sentimento neutro e negativo de 0,2 e -1. Verifica-se uma maior positividade com as pontuações a variarem entre 0,2 e -0,6 no dia 21st de janeiro, um dia em que foi recolhido o segundo maior número de tweets.

É também o caso de 1st e 2nd de janeiro - onde tanto o sentimento está entre os mais positivos como as taxas de discussão são altamente classificadas. Isto pode ter ocorrido devido ao facto de ser o início do Ano Novo, um período de tempo em que as resoluções de Ano Novo são frequentemente discutidas e executadas. Um raciocínio semelhante pode ser argumentado para o dia 27th de dezembro, o primeiro feriado não público a seguir ao Natal e ao Boxing Day - dias não frequentemente associados à prática de atividade física. Apesar de a positividade ter diminuído no final do mês, a elevada frequência de tweets no dia 30th de janeiro sugere que, embora as pessoas ainda se interessem por este tópico, estão menos positivas em relação a ele. Estes resultados parecem corroborar as estatísticas apresentadas pelo Statistic Brain (2014), segundo as quais quase 40% das resoluções (incluindo as de fitness) falham nos primeiros 31 dias do ano.

Os dias em que os gráficos de caixa são comparativamente mais curtos são 30th de dezembro e 23rd e 31st de janeiro, o que sugere que as pessoas que enviaram os seus tweets tiveram o nível mais elevado de concordância entre si no que diz respeito à condição física nesses dias.

6.5   Pontuação do sentimento com base na localização

Com esta informação agora conhecida, pensei que seria interessante identificar quais as diferenças, se é que existem, entre cada continente no que diz respeito ao seu sentimento sobre o tema da boa forma física.

Com referência à chave "time_zone" nos objectos JSON do Twitter, consegui obter o fuso horário em que cada utilizador tinha declarado estar no momento em que o seu tweet foi capturado. Isto incluía cidades e fusos horários (regiões que adoptam uma hora padrão específica). Os nomes de cidades existentes em vários países/continentes foram classificados como "outros". Este foi também o caso dos objectos JSON em que a chave "time_zone" devolveu um valor nulo. A Fig. 6H abaixo mostra a gama de pontuação de sentimento obtida, com a tabela na Fig. 61 a mostrar o número de tweets recolhidos por continente.

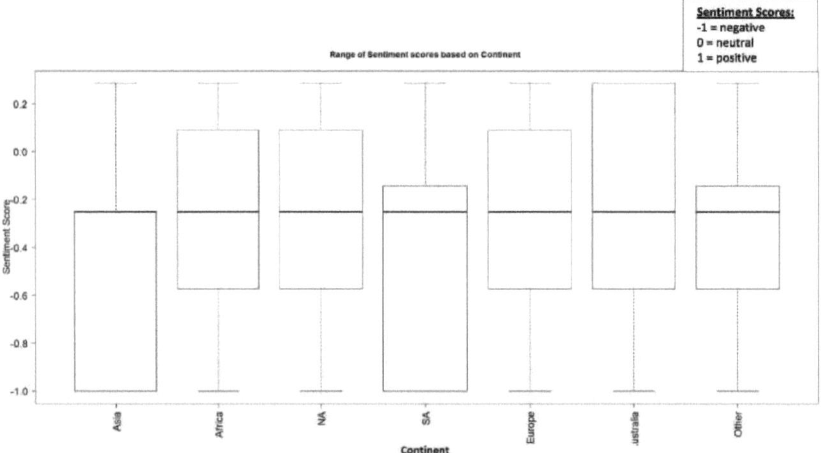

Fig 6H: Gráfico de caixa que mostra a gama de pontuações de sentimento obtidas a partir de tweets agrupados por localização

Continent	Frequency of Tweet
Asia	1482137
Africa	428156
Europe	2180735
Australia	186899
North America (NA)	9911425
South America (SA)	1204771
Rest of World / Other / Unknown	8558415

Fig. 61: Tabela que mostra o número de tweets recolhidos por região, conforme definido pelo

A maioria dos tweets recolhidos teve origem em locais da América do Norte, seguidos dos da categoria "Outros" e da Europa. Desconsiderando a categoria "Outros", é provável que este tenha sido o caso devido à minha filtragem de tweets que não estavam em inglês durante a remoção de dados incorrectos, conforme explicado na secção 4.2 deste relatório. Também se pode presumir que a frequência é afetada pelo facto de certas culturas/regiões não terem acesso ao Twitter ou não terem interesse no tema da boa forma física.

Tal como demonstrado nos resultados anteriores obtidos, a pontuação mediana do sentimento é ligeiramente inferior a -0,2, com a gama de valores a variar geralmente entre pouco mais de 0,2 e -1. Os tweets classificados na categoria "Outros" registaram o nível de concordância mais elevado, com a maioria das pontuações a variar entre mais de -0,2 e -0,6.

O continente que registou o nível mais baixo de concordância (e, por conseguinte, a maior amplitude na variedade de pontuação) foi a Austrália, seguida de perto pela América do Sul. No entanto, com (mais de seis vezes) mais tweets originários da América do Sul, pode argumentar-se que é mais provável que a América do Sul tenha apresentado um maior nível de variação na pontuação.

A Austrália também apresentou a maior frequência de sentimentos positivos (em comparação com os outros continentes), com a África, a América do Norte e a Europa a seguirem-se em medidas semelhantes com boxplots simétricos.

A Ásia (seguida de perto pela América do Sul) registou a maior frequência de sentimentos negativos (em comparação com os outros continentes), com a totalidade do quartil inferior a consistir no intervalo interquartil.

Com o menor número de tweets provenientes da Austrália e de África, pode argumentar-se que as suas culturas consideram o tema da aptidão física como o menos importante em comparação com outros continentes. É mais provável que isto aconteça com a Austrália, onde, ao contrário de África, a sua língua materna é o inglês (o que significa que a filtragem de tweets que não sejam em inglês terá menos impacto no número de tweets recolhidos para esse continente). O mesmo se pode dizer da Ásia, com o continente a pontuar tão negativamente no que diz respeito à aptidão física - sendo esta uma questão de pouca importância e/ou de grande frustração para eles. No caso da Austrália, em particular, poder-se-ia argumentar o contrário no que diz respeito à importância da condição física, onde a sua taxa de positividade é a maior de todos os continentes.

6.6.   Pontuação do sentimento com base na localização, numa base horária

Também é interessante saber a que horas do dia o sentimento em relação à boa forma física se encontra nos dois extremos. Essas informações foram extraídas de cada objeto JSON do Twitter através da referência à chave "created_at". O valor representado por esta chave inclui o dia da semana, a data e a hora e o ano em que o objeto capturado foi criado (ver exemplo no Anexo 4B). Extraindo a hora deste valor, pude então produzir um novo conjunto de dados contendo cada pontuação obtida, utilizando o conjunto de dados obtido ao segmentar a minha coleção principal por localização.

O gráfico da Fig. 6J mostra em que altura (hora) do dia este sentimento foi mais forte ou mais fraco globalmente ao longo do período de 43 dias de análise.

6.6.1. All continents

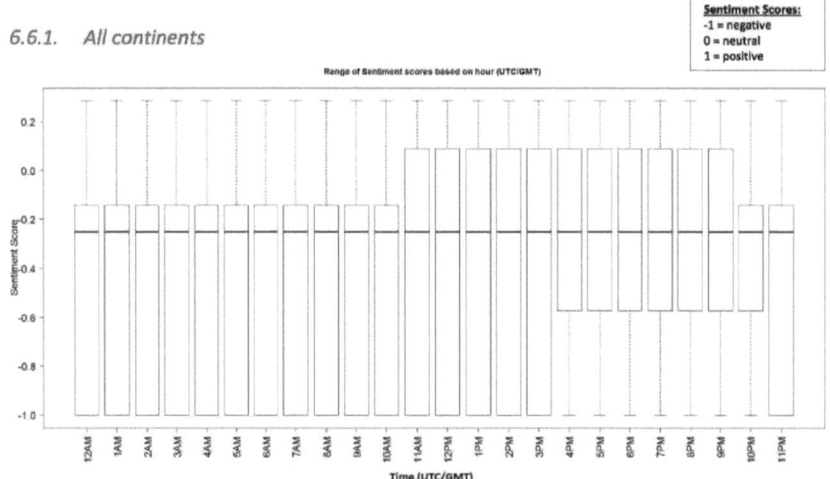

Fig 6J: Gráfico de caixa que mostra a gama de pontuações de sentimento obtidas a partir de tweets agrupados pela hora de envio (UTC/GMT)

Entre as 23h e as 10h UTC, a pontuação do sentimento parece ser mais consistente, com a maioria das pontuações a variar entre 0,2 e -1, geralmente no extremo negativo da escala. O sentimento é mais positivo entre as 16h e as 21h, com o nível mais elevado de concordância a ocorrer às 22h. Vários factores influenciam estes resultados, que só podem ser identificados quando os dados são mais detalhados.

Time (UTC/GMT)	Frequency	Time (UTC/GMT)	Frequency
12AM	1224028	12PM	1224028
1AM	1223656	1PM	1223656
2AM	1211630	2PM	1211630
3AM	1164333	3PM	1164333
4AM	1074846	4PM	1074846
5AM	893471	5PM	893471
6AM	741605	6PM	741605
7AM	638200	7PM	638200
8AM	575249	8PM	575249
9AM	520699	9PM	520699
10AM	1224028	10PM	529087
11AM	1223656	11PM	619355

Fig. 6K: Tabela que mostra o número de tweets enviados para cada hora relacionados com o tema da boa forma física

O Anexo 6C contém um quadro que mostra a frequência dos tweets numa base horária - para cada continente analisado.

Depois de dividir os resultados por hora numa base continental, segmentei o intervalo de horas nas seguintes categorias:

- Morning: 6am-12pm (light blue)
- Afternoon: 12pm-6pm (blue)
- Evening: 6pm-12am (purple)
- Night: 12am-6am (dark blue)

Como tal, com o fuso horário UTC a ser adotado para os objectos JSON do Twitter, as horas que determinam o que é de manhã, por exemplo, variam de continente para continente (e mesmo por região).

Para os gráficos que se seguem, cada categoria foi codificada por cores (tal como indicado acima) para facilitar a interpretação das leituras. Tomando como referência o mapa de fusos horários (Anexo 6D), baseei o fuso horário de cada conteúdo no ponto médio desse continente.

6.6.2. Africa

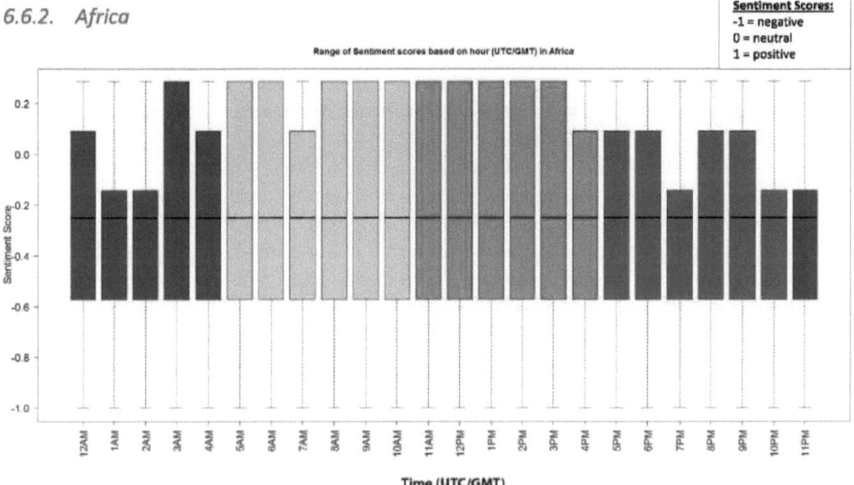

Fig 6L: Gráfico de caixa mostrando a gama de sentimentos numa base horária durante um período de 43 dias para o continente africano

Para África, o sentimento está no seu ponto mais positivo durante os períodos da manhã e da tarde de cada dia. Como mostra o Apêndice 6C, o período da noite registou o maior número de tweets (17h-9h), sendo o nível de concordância em relação ao sentimento também maior durante este período de tempo.

6.6.3. Asia

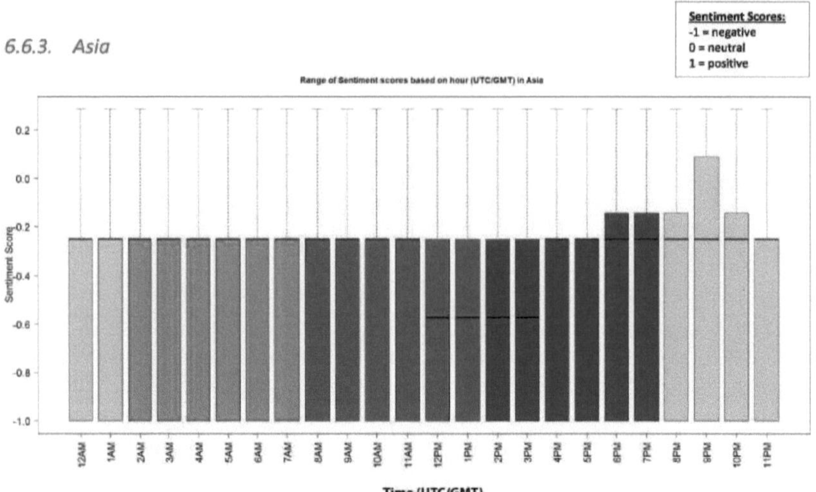

Fig 6M: Gráfico de caixa mostrando a variação do sentimento numa base horária durante um período de 43 dias para o continente asiático

A pontuação de sentimento de -0,2 a -1 é onde o nível de concordância é maior para a comunidade na Ásia, sendo este o caso para dois terços de todas as horas avaliadas. Os maiores níveis de sentimento positivo são registados durante o período da manhã. A pontuação média para estes resultados é mais baixa durante as horas que produziram o maior número de tweets (12- 3pm). O sentimento da Ásia parece ser o mais consistente de todos os continentes ao longo do dia, para além de ser o mais negativo.

6.6.4. Europe

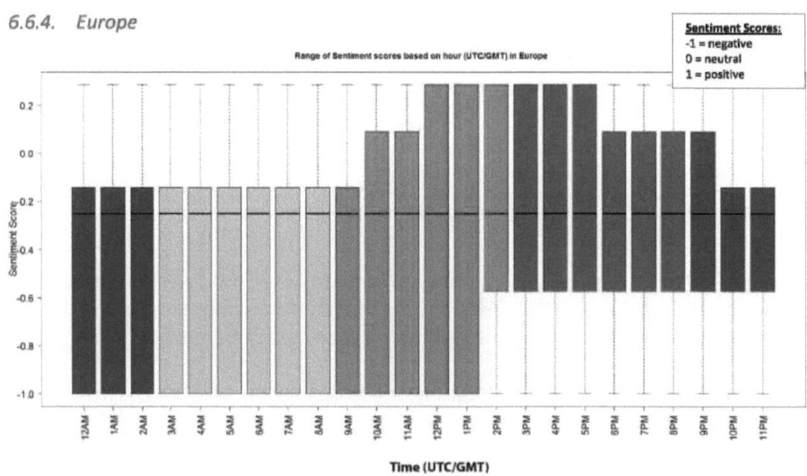

Fig. 6N: Gráfico de caixa mostrando a gama de sentimentos numa base horária durante um período de 43 dias para o continente europeu

Na Europa, regista-se um aumento constante da taxa de sentimento positivo, que começa a partir da tarde e termina a meio da noite. Há uma distribuição uniforme do sentimento entre as 12 e as 14 horas (e, por conseguinte, o nível mais baixo de concordância). O nível de concordância é mais elevado entre as 22h00 e as 12h00, no início do período noturno. Aqui, a variação do sentimento é maior, entre -0,2 e -0,6. Este é também o período de tempo em que a atividade social é maior, uma razão provável para que a ponderação da distribuição do sentimento na Fig. 6F seja mais positiva para a Europa.

6.6.5. Australia

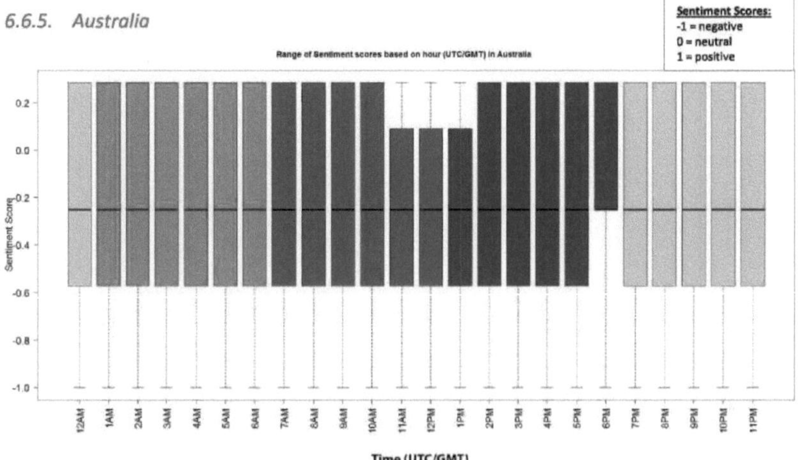

Fig. 60: Gráfico de caixa mostrando a variação do sentimento numa base horária durante um período de 43 dias para o continente Austrália

O sentimento da Austrália ao longo do dia é tão consistente como os resultados da Ásia, em vez disso, no lado positivo da escala. Ocorrem quedas na positividade, no que diz respeito ao nível de concordância durante o final da noite; no entanto, o maior sinal de positividade em todos os continentes é descoberto aqui entre as 18h00 e as 19h00 UTC.

6.6.6. North America

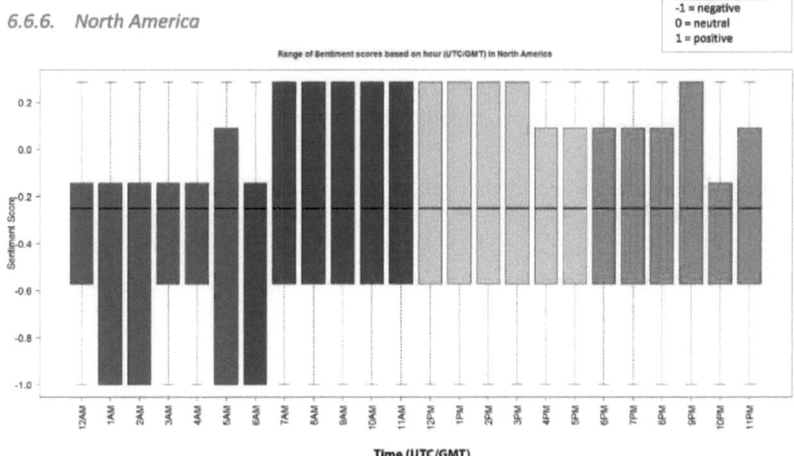

Fig 6P: Gráfico de caixa mostrando a gama de sentimentos numa base horária durante um período de 43 dias para o continente América do Norte

Para a América do Norte, o nível de concordância é maior durante os períodos noturnos das 12h às

4h UTC, onde é principalmente negativo. Em geral, o nível de concordância positiva é maior durante a noite e as primeiras horas da manhã.

6.6.7. South America

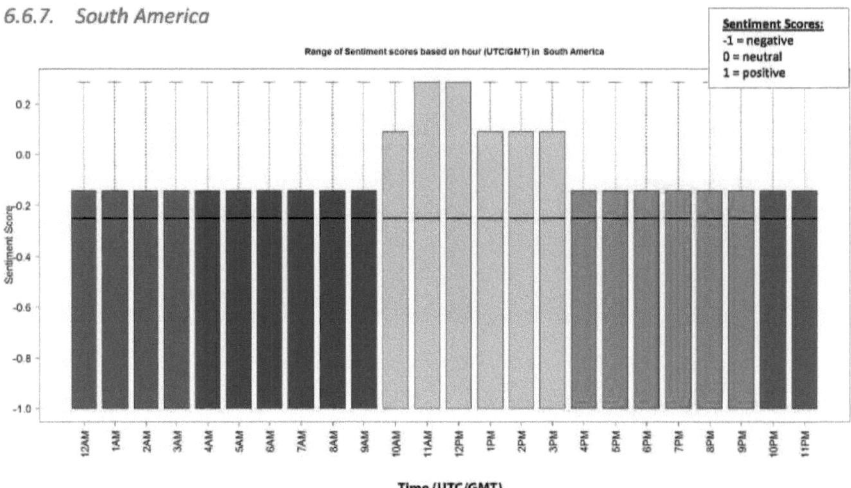

Fig 6Q: Gráfico de caixa mostrando a gama de sentimentos numa base horária durante um período de 43 dias para o continente América do Sul

Tal como no caso da Ásia, todas as horas mostram um elevado nível de negatividade no que respeita às discussões sobre fitness. No entanto, esta situação é mais positiva durante o período da manhã, apesar de não haver grandes alterações na frequência de tweets enviados durante esta parte do dia.

6.6.8. Outros

Uma vez que a localização dos tweets desta categoria não é conhecida, não foi possível segmentar com exatidão a gama de pontuações pelas categorias indicadas na lista 6.4.1. Como tal, não foi possível efetuar comparações com os outros continentes.

6.6.9. Resumo

A Ásia, a Austrália e a América do Sul são os continentes mais consistentes na pontuação do seu sentimento ao longo de cada dia, sendo a Ásia o mais negativo e a Austrália o mais positivo.

Embora não seja conclusivo, o sentimento parece ser o mais positivo durante os períodos da manhã e da tarde em todos os continentes. As tendências para os períodos do dia em que o sentimento foi menos positivo revelaram-se inconclusivas.

O período de tempo que produziu a maior frequência de tweets numa hora individual foi a noite em todos os continentes; no entanto, não foi possível estabelecer correlações com o sentimento.

CAPÍTULO 7

<u>Conclusões e trabalhos futuros</u>

Neste relatório, foi discutido o tema do fitness e o sentimento do público em geral em relação ao mesmo. A análise de mais de 23 milhões de tweets recolhidos entre o final de dezembro de 2013 e o início de fevereiro de 2014 permite tirar uma série de conclusões.

O sentimento em relação ao tema da boa forma física, quando analisado numa escala global, varia entre neutro e negativo, com muito poucos tweets a excederem 0,5 na escala de -1 a 1 de positividade. Em geral, à medida que a pontuação do sentimento aumenta, a frequência de tweets que correspondem a essa pontuação diminui.

Foram identificados mais tweets padrão do que retweets relacionados com o tema da boa forma física, o que sugere que é provável que um maior número de pessoas expresse as suas opiniões por si próprias e não através do tweet de outra pessoa. Ao mesmo tempo, os tweets padrão produziram um sentimento geralmente mais positivo do que os retweets. Isto pode indicar que as pessoas estão menos dispostas a partilhar diretamente o seu descontentamento.

Os tweets enviados por titulares de contas com uma contagem de seguidores muito elevada (superior a mil) - bem como por aqueles com uma contagem de seguidores baixa - estavam dentro do limite mais positivo das pontuações de sentimento recolhidas. Embora isto possa entrar em conflito com a teoria de que os retweets são mais negativos (uma vez que os tweets mais positivos de contas com um elevado número de seguidores têm maior exposição), o número de contas entre as categorias extremas (<50 e >1000) é muito maior coletivamente. No entanto, é de notar, mais uma vez, que a maioria dos tweets positivos (tanto padrão como retweet) raramente ultrapassou a neutralidade.

Os dias com a maior frequência de tweets também produziram a maior variedade de sentimentos positivos. Esses dias incluem o dia de Ano Novo, um período em que se iniciam as resoluções de Ano Novo e em que é provável que o otimismo seja forte (como indicado pelos resultados). No final do mês, o nível de comunicação relativo à boa forma física manteve-se forte, mas com um declínio na positividade.

Este facto corrobora a teoria de que um número significativo de pessoas perdeu o interesse pelo tema e, por conseguinte, falhou as suas resoluções de boa forma física ao longo do tempo, no entanto, teria sido interessante verificar se a taxa de conversação relativa à boa forma física também diminuiu ao longo do tempo.

As razões para este sentimento podem dever-se ao facto de os velhos hábitos serem difíceis de quebrar e de a prática de actividades físicas e uma alimentação saudável estarem fora da sua zona de conforto. No entanto, nesta fase, essas razões são apenas sugeridas e não confirmadas por este estudo.

Os australianos parecem ser os mais positivos no que respeita à condição física, sendo os asiáticos e os sul-americanos os mais negativos. Pode presumir-se que isto se deve às diferenças culturais e ao contraste do clima entre continentes, que têm impacto durante o mesmo período de tempo. Estando a Austrália na estação do verão e a China no período de inverno, esta pode ser uma das razões pelas quais o ato de realizar uma atividade física é mais fácil de iniciar e, por conseguinte, mais agradável para os que se encontram a sul do hemisfério.

Tal como referido anteriormente, o facto de o meu processo de filtragem envolver a remoção de tweets que não fossem em inglês e de as principais línguas utilizadas em alguns dos continentes não serem o inglês, pode ter interferido com os resultados obtidos na Ásia e na América do Sul, em particular.

A altura do dia em que o sentimento é mais positivo é durante o período da manhã e da tarde, mas os resultados não foram conclusivos no que respeita aos períodos em que o sentimento é mais negativo. Mais uma vez, o clima e as estações do ano podem ter tido um impacto nestes resultados.

Outros tópicos de discussão a analisar incluem a forma como os resultados durante o período de janeiro teriam contrastado com os meses seguintes de 2014, incluindo a frequência de tweets publicados em relação ao tópico da boa forma física e a pontuação do sentimento.

Já mencionado, as estações do ano são uma influência que pode ter impacto em todos os resultados obtidos. Este fator, juntamente com as diferenças de sentimento com base nas línguas (por exemplo, mandarim, espanhol e português), são factores que podem produzir mais informações sobre a forma como o sentimento em relação ao tema da boa forma física varia entre pessoas de diferentes locais e condições de vida.

O debate sobre as promoções em linha e o spam, mencionado por Jansen et al. (2009), e a forma como isso pode ter afetado os resultados obtidos é outro tópico de interesse não abordado no presente relatório, mas que pode ser analisado mais pormenorizadamente no futuro.

Apesar de ter encontrado dificuldades em identificar se os eventos (para além dos feriados de Natal e Ano Novo) poderiam ter tido impacto nos resultados obtidos - por exemplo, um evento desportivo -, esta era uma área de interesse que gostaria de ter observado mais detalhadamente.

Finalmente, a divisão de género e o seu impacto na pontuação do sentimento é outro tópico de interesse a ser descoberto. Devido às limitações do Twitter no que diz respeito à identificação do género nas contas, ao extrair dados dos objectos JSON obtidos a partir da sua API, a realização de investigação sobre este assunto produz grandes níveis de dificuldade. Estes problemas podem ser ultrapassados com a utilização de redes sociais alternativas, incluindo o Facebook.

CAPÍTULO 8

Referências

Aldridge, G. (2013). The Mirror - "A dieta yo yo deixou-me muito infeliz": Natalie
Cassidy conta como o DVD Get Fit Quick a tornou obcecada por calorias [online]. Disponível em:
http://www.mirror.co.uk/news/uk-news/natalie-cassidy-says-shed-never-1571803 [acedido a
13.04.2014]

Asur, S. e Huberman, B.A. (2010). *Predicting the future with social media.*

Baker, S. J. (2006). *Celebrity Gossip Magazines and Feminist and Post-feminist Theory (Revistas de
mexericos de celebridades e teoria feminista e pós-feminista): The Impacts on Female Formation of
Body Image Created by Celebrity Weight Depictions in Heat and Closer [Os Impactos na Formação
Feminina da Imagem Corporal Criada por Representações do Peso de Celebridades em Heat e
Closer].*

BBC News (2014). *Crise de obesidade: Future projections 'underestimated'* [online]. Disponível em:
http://www.bbc.co.uk/news/health-25708278 [acedido em 22.03.2014]

Bollen, J.; Mao, H. e Zeng, X. (2011). *O humor do Twitter prevê o mercado de ações.*

Boyd, S.; Golder 5. e Lotan, G. (2010). *Tweet, Tweet, Retweet: Aspectos conversacionais do
Retweetar no Twitter,* (pág. 6)

Cartwright (2012). *IDEA Health & Fitness Association - Como os amigos influenciam o peso*
[online]. Disponível em: http://www.ideafit.com/fitness-library/how-friends-influence-weight
[acedido em 16.10.2013]

Dacres, S.; Haddadi, H. e Purver, M. (2013). *Análise de tópicos e sentimentos em OSNs: um estudo
de caso de estratégias de publicidade no Twitter.*

Dave, K.; Lawrence, S. e Pennock, D.M. (2003). *Explorando a Galeria do Amendoim: Opinion
Extraction and Semantic Classification of Product Reviews.*

e! Science News (2014). *Atividade física regular reduz risco de cancro da mama,
independentemente da idade* [online]. Disponível em:
http://esciencenews.eom/articles/2014/03/20/regular.physical.activity.reduces.breast.canc
er.risk.irrespective.age [acedido em 22.03.2014]

Fluerts (2011). *Health & Fitness - UK Fitness market remains robust despite weakening economic
trend* [online]. Disponível em:
http://www.fleurets.com/assets/MarketIntel/11163_Industry_Update_Health_and_Fitness. pdf
[acedido em 30.11.2013]

Goeuriot, L.; Na, J.-C.; Kyaing, W. Y. M.; Khoo, C. S. G.; Chang, Y.-K.; Theng, Y. L. e Kim, J.-J. (2012),
Sentiment lexicons for health-related opinion mining, em Gang Luo; Jiming Liu & Christopher C.
Yang, ed., 'IHI', ACM, pp. 219-226.

Goncalves, P.; Araujo, M.; Benevenuto, F. e Cha, M. (2013). *Comparação e combinação de métodos de análise de sentimento.*

Goncalves, P.; Araujo, M.; Benevenuto, F. e Cha, M. (2013). *iFeel: Um Sistema Web que Compara e Combina Métodos de Análise de Sentimentos.*

Hogenboom, A.; Bal, D.; Frasincar, F.; Bal, M.; de Jong, F. e Kaymak, U. (2013). *Exploração de emoticons na análise de sentimentos.*

Jaslow, R. (2014). *CBS News: Organização Mundial da Saúde reduz recomendações de ingestão de açúcar* [online]. Disponível em: http://www.cbsnews.com/news/world-health- organization-lowers-sugar-intake-recommendations [acedido: 22.03.2014]

Kim, E.; Gilbert Edwards M. e Graeff, E. (2009). *Detectando a tristeza em 140 caracteres: Sentiment Analysis and Mourning Michael Jackson on Twitter.*

MacNeill, M. (1998). *Sex, lies, and videotape: The political and cultural economies of celebrity fitness videos. Desporto e tempos pós-modernos,* pg 163-184.

Fórum Nacional da Obesidade (2013). *State of the Nation's Waistline. Obesity in the UK: Analysis and Expectations* [em linha]. Disponível em: http://www.nationalobesityforum.org.uk/media/PDFs/StateOfTheNationsWaistlineObesityi ntheUKAnalysisandExpectations.pdf [acedido em 22.03.2014]

Pang, B. e Lee, L. (2004). *Uma educação sentimental: Sentiment Analysis Using Subjectivity Summarization Based on Minimum Cuts.*

Paul, MJ. e Dredze, M. (2011). *You Are What You Tweet: Analyzing Twitter for Public Health,* pg. 4-5, 7-8

PR Web (2013). *Lucintel Report Outlines Growth Prospects for Global Fitness Industry Players During 2013-2018* [online]. Disponível em: http://www.prweb.eom/releases/2013/3/prwebl0506906.htm [acedido em: 21.10.2013]

Sahami, M.; Dumais, S.; Heckerman, D. e Horvitz, E. (1998). *A Bayesian Approach to Filtering Junk E-Mail.*

Scanfeld, D.; Scanfeld, V. e Larson, E.L. (2010). *Disseminação de informação sobre saúde através das redes sociais: twitter e antibióticos.*

Statistic Brain (2014). *Estatísticas da resolução de ano novo* [em linha]. Disponível em: http://www.statisticbrain.com/new-years-resolution-statistics/ [acedido em 07.02.2014]

The Huffington Post (2012). *Distúrbios alimentares: Como os media sociais ajudam a espalhar a anorexia e Bulimia nos jovens* [online]. Disponível em: http://www.huffingtonpost.co.uk/2012/10/12/social-media-anorexia-bulimia-young-people_n_1962730.html [acedido a 02.12.2013]

Escritório do Censo dos Estados Unidos (2014). *Programas internacionais: International Data Base Country Rankings* [online]. Disponível em:

http://www.census.gov/population/international/data/idb/rank.php [acedido em 10.04.2014]

Wang, H.; Can, D.; Kazemzadeh, A.; Bar, F. e Narayanan, S. (2012). *Um sistema para a análise do sentimento do Twitter em tempo real do ciclo de eleições presidenciais de 2012 nos EUA.*

Watson, D.; Clark, L. A. e Tellegen, A. (1988). *Desenvolvimento e validação de medidas breves de afeto positivo e negativo: As escalas PAN AS.*

Woods, J. (2010). The Telegraph - *Os DVD de fitness só fazem perder peso no bolso: Os DVD de fitness são um sucesso, diz Judith Woods. Mas quem é que está a sentir os benefícios?* [online]. Disponível em: http://www.telegraph.co.uk/health/dietandfitness/8157879/Fitness-DVDs- only-shed-the-pounds-in-your-pocket.html [acedido em 13.04.2014]

Xiaochen, S. e Lei, L. (2013). *China Daily: Obesity rate on the increase* [online]. Disponível em: http://usa.chinadaily.com.cn/china/2013-08/06/content_16872878.htm [acedido em 16.04.2014]

Yellowlees (2010). *BBC News - A nossa obsessão pelo tamanho zero está a prejudicar a saúde?* [online]. Disponível em: http://news.bbc.co.Uk/l/hi/health/8510160.stm [acedido em 21.10.2013]

Zeevi, D. (2013). *Dashburst - What Makes Social Media so Influential* [em linha]. Disponível em: http://dashburst.com/social-media-influence-infographic [acedido em 13.10.2013]

<u>Definições</u>

Interface de programação de aplicações (API) - Utilizada por programadores, em que um conjunto de protocolos é utilizado durante o processo de comunicação entre diferentes aplicações. Como resultado (por exemplo), a interface Web do Twitter pode ser acedida através de aplicações existentes em diferentes plataformas, desde telemóveis a consolas de jogos.

Coeficiente de correlação - A representação da independência linear entre duas variáveis. Varia entre valores de -1 e 1, onde se identifica o grau de associação entre as duas variáveis.

Conjunto de dados - Uma coleção de informações nomeadas (dados) que, de alguma forma, estão relacionadas entre si e podem ser processadas através de máquinas.

Aptidão física - O estado físico de estar em boa saúde e/ou condição física; frequentemente como resultado de uma boa nutrição e atividade física contínuas.

Aprendizagem automática - A conceção científica e o desenvolvimento de computadores capazes de reconhecer e responder a padrões identificados de forma desejável.

Resolução de Ano Novo - Uma tradição em que uma pessoa estabelece um objetivo a atingir. Estes objectivos resultam em auto-aperfeiçoamento e são iniciados no princípio do ano seguinte.

Python - Linguagem de programação informática lançada em 1991 por Guido van Rossum. Utilizada na criação de instruções interpretadas por uma máquina (ou seja, um computador) para realizar uma tarefa. Estas instruções são frequentemente designadas por "programa".

Sentimento - A opinião e os sentimentos aplicados a um determinado tópico; baseado principalmente em emoções.

Meios de comunicação social - Uma plataforma para as pessoas interagirem umas com as outras, onde a informação pode ser criada, partilhada e trocada num ambiente virtual (por exemplo, a World Wide Web).

<u>**Apêndices**</u>
Anexo 1A: Canal ShayLoss-YouTube [em linha]. Disponível em:
https://www.youtube.com/profile7use r=shayloss

Apêndice IB: Lista de referências sobre as resoluções de Ano Novo mais populares (de 2012 a 2014):

Digital Spy: *Top 40 resoluções de Ano Novo mais populares para 2013 reveladas* [online]. Disponível em: http://www.digitalspy.co.uk/fun/news/a448025/top-40-most-popular-new-years-resolutions-for-2013-revealed.html#~oALpmd61jorWwL [acedido em 07.02.2014]

Statistic Brain: *New Years Resolution Statistics* [em linha]. Disponível em: http://www.statisticbrain.com/new-years-resolution-statistics/ [acedido em 07.02.2014]

The Washington Post: *New Year's Resolutions* [online]. Disponível em: http://www.washingtonpost.com/pb/lifestyle/style/new-years-resolutions/2011/12/30/glQAQfEzQP_gallery.html#item0 [acedido em 07.02.2014]

Apêndice 2A: Exemplos de redes sociais para ginásios:

Página do Facebook do GymBox: https://www.facebook.com/GymboxOfficial

Conta de Twitter da Virgin Active: https://twitter.com/VirginActiveUK

Apêndice 2B: Documentação do Twitter: https://dev.twitter.com/docs

Apêndice 3A: OAuth - Autenticação Aberta [online]. Disponível em: http://oauth.net

Apêndice 4A: Bodybuilding.com: *Desafio de Transformação de 100.000 dólares* [online]. Disponível em: http://www.bodybuilding.com/fun/100k-challenge.html [acedido a 06.02.2014]

Apêndice 4B: Exemplo de dados recebidos após a ativação do meu script de recolha de dados do Twitter, definido para obter tweets recentemente publicados que contenham o termo "ginásio" (Nota: o tipo de dados foi destacado a negrito):

{"created_at":"Sat Dec 21 17:11:12 +0000 2013","id":414442944012484608,"id_str":"414442944012484608","text":"Gym for lunch then 6 more hrs to work#reconstructingHistemple","source":"\u003ca href=\"http:\/\/twitter.com\/download\/iphone\" rel=\"nofollow\"\u003eTwitter for iPhone\u003c\/a\u003e","truncated":false,"in_reply_to_status_id":null,"in_reply_to_statu s_id_str":null,"in_reply_to_user_id":null,"in_reply_to_user_id_str":null,"in_reply_to_scree n_name":null,"user":{"id":17413461,"id_str":"17413461","name":"Scott Benjamin","screen_name":"scott_benjamin","location":"","url":"http:\/\/www.facebook.co m\/profile.php?id=502778371&ref=profile","description":"Love God, love others\r\nLiving to follow Jesus's example as He came to Earth to serve others not to be served","protected":false,"followers_count":168,"friends_count":224,"listed_count":0,"cre ated_at":"Sat Nov 15 21:47:04 +0000 2008","favourites_count":2069,"utc_offset":- 18000,"time_zone":"Eastern Time (US & Canada)","geo_enabled":true,"verified":false,"statuses_count":3439,"lang":"en","contribut ors_enabled":false,"is_translator":false,"profile_background_color":"C0DEED","profile_ba ckground_image_url":"http:\/\/abs.twimg.com\/images\/themes\/theme1\/bg.png","profil e_background_image_url_https":"https:\/\/abs.twimg.com\/images\/themes\/theme1\/bg .png","profile_background_tile":false,"profile_image_url":"http:\/\/pbs.twimg.com\/profil e_images\/378800000431776586\/d71d8ca54a732e8d952960901e2d00c0_normal.jpeg","p rofile_image_url_https":"https:\/\/pbs.twimg.com\/profile_images\/378800000431776586 \/d71d8ca54a732e8d952960901e2d00c0_normal.jpeg","profile_link_color":"0084B4","prof ile_sidebar_border_color":"C0DEED","profile_sidebar_fill_color":"DDEEF6","profile_text_c olor":"333333","profile_use_background_image":true,"default_profile":true,"default_prof ile_image":false,"following":null,"follow_request_sent":null,"notifications":null},"geo":null ,"coordinates":null,"place":null,"contributors":null,"retweet_count":0,"favorite_count":0," entities":{"hashtags":[],"symbols":[],"urls":[],"user_mentions":[]},"favorited":false,"retwee ted":false,"filter_level":"medium","lang":"en"}

O JSON acima é apresentado no sítio Web do Twitter:

Apêndice 4C: Código utilizado durante o processo de filtragem JSON do Twitter de tweets irrelevantes:

```python
import glob
import os
from os.path import join, getsize

fileWriteCount = 0
count = 0
fileOpenCount = 0

def writeNewData(line):
  for root, dirs, files in os.walk('/import/bigdata/ec09002/filtered'):
```

```python
    global fileWriteCount
    global count
    global fileOpenCount
    f1 = open(root + os.sep + "relevantTweetData" + str(fileWriteCount) + ".txt",'a')
    f1.write(line)
    f1.close()
    count = count + 1

    if(count == 10000): # to split files per 10000 Twitter JSON objects
     fileWriteCount = fileWriteCount + 1
     count = 0
    print count
    print 'file open count: ' + str(fileOpenCount)


def lineCheck(l, line): # if any of the conditions are matched, pass Tweet object to
writeNewData function, where it is written to a new (filtered) .txt file
  if('100kreasons' in l):
   writeNewData(line)
  elif((l.startswith('abs ') or l.startswith('ab ') or l.endswith(' abs') or l.endswith(' ab') or ' abs
' in l or ' ab ' in l) and ('engine' not in l and 'sensor' not in l)):
   writeNewData(line)
  elif(l.startswith('abworkout ') or l.endswith(' abworkout') or ' abworkout ' in l):
   writeNewData(line)
  elif((l.startswith('barbell ') or l.endswith(' barbell') or ' barbell ' in l) and ('ebay' not in l and
'amazon' not in l and 'eye' not in l and 'pierc' not in l and 'jewel' not in l and 'septum' not in
l and 'ring' not in l and 'navel' not in l and 'stoma' not in l and 'nose' not in l and 'ear' not in
l and 'swallow' not in l and 'cartil' not in l )):
   writeNewData(line)
  elif('beach' in l and 'body' in l):
   writeNewData(line)
  elif('kettle' in l and 'bell' in l):
   writeNewData(line)
  elif('burpee' in l and 'xfitreg' not in l):
   writeNewData(line)
  elif('zumba' in l):
   writeNewData(line)
  elif('bicep' in l):
   writeNewData(line)
  elif((l.startswith('bmi ') or l.endswith(' bmi') or ' bmi ' in l) and ('music' not in l and 'radio'
not in l and 'artist' not in l and 'nowplaying' not in l)):
   writeNewData(line)
  elif('body' in l and 'mass' in l):
   writeNewData(line)
  elif('bulk' in l):
   writeNewData(line)
  elif('calorie' in l):
```

```python
    writeNewData(line)
  elif(l.startswith('calf ') or l.startswith('calves ') or l.endswith(' calf') or l.endswith(' calves')
or ' calf ' in l or ' calves ' in l):
    writeNewData(line)
  elif(l.startswith('carb ') or l.endswith(' carb') or ' carb ' in l):
    writeNewData(line)
  elif(l.startswith('atkins ') or l.endswith(' atkins') or ' atkins ' in l):
    writeNewData(line)
  elif('tricep' in l):
    writeNewData(line)
  elif('hamstring' in l and (l.startswith('i ') or ' i ' in l or l.startswith('my ') or ' my ' in l)):
    writeNewData(line)
  elif('quadracep' in l or l.startswith('quads ') or ' quads ' in l):
    writeNewData(line)
  elif('glute' in l):
    writeNewData(line)
  elif('work out' in l or 'workout' in l):
    writeNewData(line)
  elif('bench' in l and ('incline' in l or 'decline' in l or 'lift' in l or 'hit' in l)):
    writeNewData(line)
  elif(' hench ' in l or l.startswith('hench ') or l.endswith('hench') or '#hench' in l or ' swole '
in l or l.startswith('swole ') or l.endswith('swole') or '#swole' in l):
    writeNewData(line)
  elif('my fitness pal' in l or 'myfitnesspal' in l):
    writeNewData(line)
  elif('bodyfat' in l or (' body' in l and ('fat' in l or ' skinny' in l or ' thin' in l or 'thin ' in l or 'big'
in l))):
    writeNewData(line)
  elif('#doms' in l or 'leg day' in l or 'legday' in l or '#leg' in l):
    writeNewData(line)
  elif('clean' in l and 'eating' in l):
    writeNewData(line)
  elif('do you even' in l or 'doyoueven' in l):
    writeNewData(line)
  elif('elliptical' in l or 'eliptical' in l):
    writeNewData(line)
  elif('exercise' in l or 'food intake' in l or 'junk intake' in l):
    writeNewData(line)
  elif(('fat' in l or 'weight' in l) and ('burn' in l or 'loss' in l or 'lose' in l or 'losing' in l or 'gain'
in l)):
    writeNewData(line)
  elif('fatfighter' in l or 'fatloss' in l or 'fatgirl' in l or 'fitfam' in l):
    writeNewData(line)
  elif(('run' in l or 'ran' in l or 'sprinting' in l) and ('I' in l or " I'm" in l or ' we ' in l or ' you ' in
l or 'fast' in l or 'slow' in l or ' my ' in l)):
    writeNewData(line)
  elif('gym' in l):
```

```python
    writeNewData(line)
elif('weight' in l and ('kilo' in l or 'kg' in l or 'lbs' in l or 'pounds' in l or 'stone' in l)):
  writeNewData(line)
elif(('weight' in l and 'watcher' in l) or ('slim' in l and 'fast' in l)):
  writeNewData(line)
elif('weight' in l and 'scale' in l):
  writeNewData(line)
elif('regimen' in l):
  writeNewData(line)
elif('tredmill' in l or 'treadmill' in l or 'tred mill' in l or 'tread mill' in l):
  writeNewData(line)
elif(('train' in l and 'hard' in l) or 'trainforlife' in l):
  writeNewData(line)
elif('slimm' in l):
  writeNewData(line)
elif('bulimi' in l):
  writeNewData(line)
elif(('breakfast' in l or 'lunch' in l or 'dinner' in l) and ('healthy' in l or 'bad' in l or 'fat' in l)):
  writeNewData(line)
elif('swimming' in l):
  writeNewData(line)
elif((( ' out ' in l or ' in ' in l) and 'shape' in l) or ('outofshape' in l or 'inshape' in l)):
  writeNewData(line)
elif('diet' in l):
  writeNewData(line)
elif('six pac' in l and ('beer' not in l and 'fridge' not in l and 'cold' not in l)):
  writeNewData(line)
elif('#shred' in l or '#fit' in l):
  writeNewData(line)
elif('jumping jack' in l or 'jump rope' in l or 'jumprope' in l):
  writeNewData(line)
elif('injur' in l and ("I'" in l or ' my ' in l)):
  writeNewData(line)
elif('food' in l and 'free' not in l and '$' not in l):
  writeNewData(line)
elif('iworkout' in l):
  writeNewData(line)
elif('cross' in l and ('fit' in l or 'train' in l)):
  writeNewData(line)
elif('personal' in l and 'train' in l and not 'contact' in l and not '$' in l):
  writeNewData(line)
elif('cardio' in l):
  writeNewData(line)
elif('lunges' in l or 'leg press' in l or 'push ups' in l):
  writeNewData(line)
elif('dumbbell' in l or 'dumb bell' in l):
  writeNewData(line)
```

```python
elif('circuit' in l and 'training' in l):
  writeNewData(line)
elif('insanity' in l):
  writeNewData(line)
elif('aerobic' in l):
  writeNewData(line)
elif('push up' in l or 'pushup' in l or 'press up' in l or 'pressup' in l or 'sit ups' in l or 'situps' in l):
  writeNewData(line)
elif('soreness' in l):
  writeNewData(line)
elif('nutrition' in l and '$' not in l and 'win' not in l and 'chance' not in l):
  writeNewData(line)
elif('getbig' in l or 'swoll ' in l):
  writeNewData(line)
elif('nopainnogain' in l or 'no pain no gain' in l):
  writeNewData(line)
elif('obese' in l or 'obesity' in l):
  writeNewData(line)
elif('protein' in l):
  writeNewData(line)
elif('squat' in l):
  writeNewData(line)
elif('unfit' in l):
  writeNewData(line)
elif(('holiday' in l or 'summer' in l) and ' body' in l):
  writeNewData(line)
elif(' hiit ' in l or '#hit' in l or 'bcaa' in l):
  writeNewData(line)
elif(' body' in l and (' ache' in l or ' aching' in l)):
  writeNewData(line)
elif('lovetheburn' in l or 'feeltheburn' in l or 'love the burn' in l or 'feel the burn' in l):
  writeNewData(line)
elif('#befit' in l or '#sweatbigtime' in l or '#shredfat' in l or '#totalbody' in l):
  writeNewData(line)
elif('muscle' in l):
  writeNewData(line)
elif('toning' in l):
  writeNewData(line)
elif('strength' in l and 'training' in l):
  writeNewData(line)
elif('fitness' in l):
  writeNewData(line)
elif('chubby' in l):
  writeNewData(line)
elif('menshealth' in l):
  writeNewData(line)
```

```python
    elif('underweight' in l or 'under weight' in l):
      writeNewData(line)
    elif('bike' in l or 'biking' in l):
      writeNewData(line)
    elif('health' in l):
      writeNewData(line)
    elif('moobs' in l or 'man boob' in l):
      writeNewData(line)
    elif('cheatday' in l or 'cheat day' in l):
      writeNewData(line)

# reading all files in directory
for root, dirs, files in os.walk('/import/bigdata/ec09002/'):
  for file in glob.glob(root + os.sep + "*_tweetData.txt"):
    with open(file) as myfile:
     fileOpenCount = fileOpenCount + 1
     for line in myfile: # reading each line of text, containing a Twitter JSON and/or line break
       if(',"text":"' in line and '","source' in line and '"lang":"en","contributors_enabled":' in
line): # condition for ensuring line to be assessed isn't empty/lacks a complete JSON
         tempLine = line.split(',"text":"')[1].split('","source')[0] # extraction of text (tweet)
value.
         tempLineLC = tempLine.lower() # characters in tweet converted to lowercase -
eliminating case sensitivity
         lineCheck(tempLineLC, line) # calling lineCheck function, passing through the
converted tweet and Twitter JSON
    print 'process executed'
```

Apêndice 5A: Sítio Web da Chatterbox: http://chatterbox.co

Apêndice 5B: Estudo de caso do Chatterbox [em linha]. Disponível em:
http://content.chatterbox.co/Sentiment%20Analysis%20Case%20Study%20-
%20Chatterbox%20and%20IDL.pdf [acedido em 30.11.2013]

Apêndice 5C: Sítio Web da SentiWordNet: http://sentiwordnet.isti.cnr.it

Apêndice 5D: Sítio Web SentiStrength: http://sentistrength.wlv.ac.uk

Apêndice 5E: Sítio Web da SenticNet: http://sentic.net

Apêndice 5F: Outros instrumentos de avaliação do sentimento:

Sítio Web do TweetSentiments: https://www.mashape.com/intridea/tweetsentiments

Sítio Web do ML Analyzer: https://www.mashape.com/mlanalyzer/ml-analyzer

Sítio Web de processamento de texto: www.text-processing.com

Apêndice 5G: Código utilizado para obter a pontuação dos sentimentos:

Nota: Código API fornecido pelos programadores do iFeel, com alterações feitas às funções
principal e (adicionada) 'addScore' para entrada e saída de ficheiros. As bibliotecas adicionais

recebidas pelos programadores são fornecidas no material de apoio (secção: "5] Programa para alterar objectos do Twitter com a pontuação iFeel"):

```python
#!/usr/bin/python
# -*- coding: utf-8 -*-
import sys
import glob
import os
from os.path import join, getsize

import imp
from multiprocessing import Process, Queue, Manager
from collections import OrderedDict
from subprocess import call, check_output

#Load all Methods
check_senticnet = imp.load_source("checkText", "senticnet").checkText
check_happiness = imp.load_source("checkText", "happiness_index").checkText
check_sasa = imp.load_source("checkText", "sasa").checkText
check_sentiwordnet = imp.load_source("checkText", "sentiwordnet").checkText
check_sentistrength = imp.load_source("checkText", "sentistrength").checkText
def check_emoticons(text):
    emoticons_cmd = ["perl", "emoticons", "-t", "\"" + text + "\""]
    output = check_output(emoticons_cmd)
    return int(output)

def check_panas(text):
    panas_cmd = ["perl", "panas", "-t", "\"" + text + "\""]
    output = check_output(panas_cmd)
    return int(output)

def caller_function(dic,function,metodo,text):
    output = function(text)
    dic[metodo] = float(output)

#Constant
default_weights = {
"swn":4,
"emoticons":7,
"panas":1,
"sasa":2,
"happiness":5,
"senticnet":3,
```

```python
"sentistrength":6
}

#--Input Files
from optparse import OptionParser
parser = OptionParser()

parser.add_option('-q', help="Quick Avaliation", action="store_true",
dest='quick',default=False)
parser.add_option('-f', '--file', dest='file')
parser.add_option('-t', '--text', dest='text')
options, args = parser.parse_args()

def combinedCheckText(text):
    manager = Manager()
    dic = manager.dict()

    #Paralelized calls
    p_emoticon = Process(target=caller_function,
args=(dic,check_emoticons,"emoticons",text))
    p_panas = Process(target=caller_function, args=(dic,check_panas,"panas",text))
    p_happiness = Process(target=caller_function,
args=(dic,check_happiness,"happiness",text))
    p_sentistrength = Process(target=caller_function,
args=(dic,check_emoticons,"sentistrength",text))
    p_senticnet = Process(target=caller_function,
args=(dic,check_senticnet,"senticnet",text))
    p_sasa = Process(target=caller_function, args=(dic,check_sasa,"sasa",text))

    if not options.quick:
        p_sentiwordnet = Process(target=caller_function,
args=(dic,check_sentiwordnet,"swn",text))

    #Start Process
    p_emoticon.start()
    p_panas.start()
    p_happiness.start()
    p_sentistrength.start()
    p_senticnet.start()
    p_sasa.start()

    if not options.quick:
        p_sentiwordnet.start()

    #Join Process
    p_emoticon.join()
    p_panas.join()
```

```python
    p_happiness.join()
    p_sentistrength.join()
    p_senticnet.join()
    p_sasa.join()

    if not options.quick:
      p_sentiwordnet.join()

    #Normalize happiness index
    dic["happiness"] = (dic["happiness"] - 5)/4

    #Get Combined Method Result
    combined_method = 0
    sum_weights = 0
    weights = default_weights
    dicItems = dic.items()
    for k,v in dicItems:
      if k == "swn"  and options.quick:
        continue
      if v == 0:
        continue
      if v > 0:
        combined_method += (1*weights[k])
      if v < 0:
        combined_method += (-1*weights[k])
      sum_weights += weights[k]

    dic["combined"] = combined_method/float(sum_weights)
    return dic["combined"]

#function writes updated JSON(s) to new file
def addScore(num_ext,newLine):
  for root, dirs, files in os.walk('/import/bigdata/ec09002/output'):
    f1 = open(root + os.sep + "scoredTDataIFEEL" + num_ext,'a')
    f1.write(newLine)
    f1.close()


if __name__ == "__main__":
  # reading all files in directory (JSONs without scoring), each line containing a JSON has the
value from the "text" element extracted. The combinedCheckTextfunction is then called
with the tweet message being passed. The additional programs for each of the sentiment
tools are called, passing through the tweet, with the scoring being calculated and returned
based on the default weighting (as defined by the iFeel developers).
  readnum = 1
  for root, dirs, files in os.walk('/import/bigdata/ec09002/input'): # input
    for file in sorted(glob.glob(root+ os.sep + "*.txt")):  #relevantTweetData
      #print file
```

```python
        num_ext = file.split('/import/bigdata/ec09002/input/')[1] # relevantTweetData
        print num_ext
        with open(file,"rb") as myfile:
            print 'process running... file num: ' + str(readnum)
            counter = 0
            for line in myfile:
                if(',"text":"' in line):
                    tweet = line.split(',"text":"')[1].split('","source')[0]
                    combined_score = combinedCheckText(tweet)
                    # once the iFeel score is returned for the assessed text the program formats
this data in the syntax of a JSON object and is written to a new file along with the Twitter
JSON object that has been read in this instance.
                    newLine = '{"iFeel_score":"' + str(combined_score) + '"}' + line
                    addScore(num_ext,newLine)
                    counter = counter + 1

print 'process executed'
```

Apêndice 6A: RStudio [em linha]. Disponível em: http://www.rstudio.com/

Apêndice 6B: Exemplo de um retweet (tal como apresentado no twitter.com):

O tweet acima é um exemplo de um retweet, com o utilizador Farrell Alfaza a retweetar um tweet publicado pelo utilizador "true!" (@damnitstrue). Este é identificado no tweet de Alfaza através do texto RT colocado a negrito antes do tweet original de "true!". O tweet no seu contexto original no sítio Web do Twitter é apresentado a seguir:

Apêndice 6C: Quadro que mostra a frequência dos tweets numa base horária - para cada continente analisado:

Time (UTC/GMT)	(Asia) Frequency	(Africa) Frequency	(Europe) Frequency	(Australia) Frequency	(North America) Frequency	(South America) Frequency	(Other) Frequency	Total
12AM	36544	13313	64211	9884	581430	73809	444837	1224028
1AM	47360	8083	40100	10216	610844	75549	431504	1223656
2AM	53521	5495	26513	9624	605528	73018	437931	1211630
3AM	62027	5120	28718	9697	593651	68456	396664	1164333
4AM	66114	5331	21359	9966	527405	55672	388999	1074846
5AM	69794	5915	23904	9990	424451	40813	318604	893471
6AM	70285	7987	34476	10194	316650	26543	275470	741605
7AM	71330	11243	52843	10078	252325	16904	223477	638200
8AM	71330	11543	52843	10078	192317	16904	220234	575249
9AM	77397	16207	87546	11080	122302	9182	196985	520699
10AM	80753	18293	101387	10869	116170	10833	190782	529087
11AM	94729	19827	107906	9951	154021	17219	215702	619355
12PM	110667	20505	113876	7790	208665	25604	257430	744537
1PM	107655	20371	113160	6131	272187	36120	291629	847253
2PM	105963	20323	108600	4494	358919	49032	349157	996488
3PM	93135	23699	109233	3133	419870	58201	366935	1074206
4PM	68387	24692	123156	2614	467516	66413	395809	1148587
5PM	51920	27284	136648	2412	509907	70177	433249	1231597
6PM	34345	29275	144934	2696	525614	69461	442907	1249232
7PM	23509	29062	145722	4266	518469	67663	452736	1241427
8PM	17445	30358	155609	6166	538406	68131	463449	1279564
9PM	17465	29281	158506	7443	524371	67653	468466	1273185
10PM	21765	25380	131241	8650	515848	68700	449858	1221442
11PM	28697	19569	98244	9477	554559	72714	445601	1228861
TOTAL:	1482137	428156	2180735	186899	9911425	1204771	8558415	23952538

Apêndice 6D: Mapa do fuso horário sítio Web: http://www.timeanddate.com/time/map/

I **want** morebooks!

Buy your books fast and straightforward online - at one of world's fastest growing online book stores! Environmentally sound due to Print-on-Demand technologies.

Buy your books online at
www.morebooks.shop

Compre os seus livros mais rápido e diretamente na internet, em uma das livrarias on-line com o maior crescimento no mundo! Produção que protege o meio ambiente através das tecnologias de impressão sob demanda.

Compre os seus livros on-line em
www.morebooks.shop

info@omniscriptum.com
www.omniscriptum.com

Printed by Books on Demand GmbH, Norderstedt / Germany